MANUEL DE TRICOT

COURS SUPÉRIEUR

Petits Manuels de la Maîtresse de Maison

MADEMOISELLE M. BAILLAUD
MANUELS DE TRICOT

Manuel de Tricot. Cours élémentaire contenant 64 descriptions et illustré de 56 reproductions d'ouvrages.

Manuel de Tricot. Cours supérieur contenant 72 descriptions et illustré de 52 reproductions d'ouvrages.

140 Modèles de Tricot avec descriptions (3e édition).

Chaque Partie forme un volume séparé, du Prix de : Broché, 1 fr. 50 ; Cartonné : 2 fr.

MADAME SEIGNOBOS
COMMENT ON FORME UNE CUISINIÈRE
OUVRAGE COMPLET

1re PARTIE
Les Viandes de Boucherie.

Conseils préliminaires, comment faire son feu, le fourneau au charbon, la cuisine au gaz, comment on devient rôtisseur. **Le Bœuf** : Pot-au-feu, bœuf rôti, grillé, braisé, à l'étuvée, à la mode. Le bœuf en gelée, en galantine, salé, avec garnitures, abats. **Le Mouton** : Le pré-salé, le gigot, la selle, le filet, les côtelettes, épaule braisée, farcie, ragoût, l'agneau et le chevreau. **Le Veau** : Choix et préparation, le veau rôti, mariné, en ragoût, abats, veau en gelée. **Le Porc frais** : Filet, côtelettes, saucisses, boudin, abats, salaisons.

3e PARTIE
Les Potages, les Pâtes, les OEufs, les Légumes, les Poissons.

Potages : Potages gras, Potages aux légumes frais, Potages aux légumes secs, Potages au lait, Potages aux poissons et aux crustacés, Potages. **Pâtes** : Pâtes d'Italie, gnocci. **Des Œufs** : Œufs frits, Œufs brouillés, Œufs farcis, Omelettes. **Les Légumes** : Pommes de terre, Carottes, Crosnes, Choux, Chou-fleur, Haricots verts, Pois, Fèves, Epinards, Artichauts, Tomates, Concombres, Champignons. **Les Poissons** : Poissons de mer, Poissons d'eau douce, Crustacés, Coquillages et Mollusques.

2e PARTIE
Les Volailles.

Volailles : Poulet, restes de volaille cuite, préparation froide des restes, Dindes, restes de dinde, apprêts chauds, apprêts froids, Oie, Canard, Pigeons, Pigeons ramiers, Paons et Panneaux, Pintades. **Gibier à plumes** : Faisans, remarques, préparations froides, Coq de bruyère, Perdrix, Cailles. **Gibier à Bec fin** : Echassiers, Râle vert, Vanneau, Gibier d'eau. **Gibier à poil** : Marinade, Sanglier, Chevreuil, Lièvre, Lapin. **Salaison de Porc** : Boudin, Jambon, Jambonneau, etc. **Les Sauces, les jus** : Sauces composées. Sauces dérivant de velouté, sauces à base de béchamel, etc.

4e PARTIE
Les Conserves, les Sirops, les Entremets sucrés, les Pâtisseries, les Confitures.

Les Conserves : Conserves de cerises, Fraises, Abricots, Pruneaux, Figues, Poires, Raisins, Oseille, Petits pois, Haricots, Chicorée, Artichauts, Asperges, etc. **Les Sirops** : Boissons froides, Boissons chaudes. **Entremets sucrés** Soufflés, Crèmes, Œufs à la neig., Piroski, Mousses, Gâteaux de riz, Plum-pudding, Timbales, Flan. **La Pâtisserie** : Galettes, Brioches, Madeleines, Cakes, Eclairs, Macarons, Tartes, Gâteaux, Biscuits, Gaufrettes, Meringues. **Les Confitures** : Gelées, Marmelades, Raisinés.

Chaque Partie forme un volume séparé, du Prix de : Broché, 1 fr. 50 ; Cartonné : 2 fr.

COURS DE COUPE DE "LA MODE PRATIQUE"

1re PARTIE
Pour faire soi-même ses Robes, ses Manteaux.

Corsages — Tracé du patron de corsage — Jupe et fond de Jupe — Robe de chambre et Redingote de voyage.

3e PARTIE
Comment habiller nos Bébés.

Chemises d'enfants. — Brassières. — Guimpes. — Bandes. — Ceintures. — Culottes. — Robes. — Manteaux. — Bavettes. — Bonnets.

2e PARTIE
Comment habiller nos petites Filles et nos petits Garçons.

Coupe pour fillettes de différents âges. — Manteaux d'enfants. — Coupe pour petits garçons. — Costume maison, etc.

4e PARTIE
Pour faire soi-même les Trousseaux d'Homme.

Devants de chemises d'hommes. — Manchettes et fausses manchettes. — Gilets de flanelle. — Caleçons.

Chaque volume forme un volume séparé, du Prix de : Broché, 1 fr. 50 ; Cartonné, 2 fr.

— Librairie HACHETTE et Cie, 79, Bd Saint-Germain, PARIS —

MADEMOISELLE M. BAILLAUD

MANUEL DE TRICOT
COURS SUPÉRIEUR

CONTENANT 72 DESCRIPTIONS
DE MODÈLES ET ILLUSTRÉ DE
52 REPRODUCTIONS D'OUVRAGES

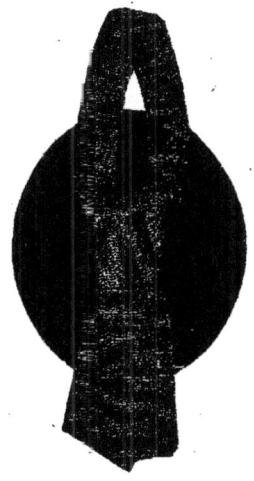

PARIS
LIBRAIRIE HACHETTE ET Cⁱᵉ
79, BOULEVARD SAINT-GERMAIN, 79
—
Droits de traduction et de reproduction réservés.

EXPLICATION DES ABRÉVIATIONS

La première chose qu'il faut apprendre avant de commencer les dentelles, ce sont les abréviations qui sont contenues dans ces cours.

aig,	veut dire aiguille.
m,	maille.
mu,	maille unie, c'est-à-dire à l'endroit, mais non tordue.
me,	maille envers.
u,	maille unie.
e,	envers.
r,	rétréci (rétrécir une maille c'est en prendre 2 ensemble).
j,	jeté (passez le fil sur l'aiguille).
3alf,	prenez 3 mailles ensemble, et tricotez-les à l'endroit ou à l'envers, selon le côté de votre dessin.
mdls,	mailles dans la suivante que vous tricotez, une unie, une envers.
ml,	maille levée que vous passez sur l'aiguille sans la tricoter.
mdlj,	mailles dans le jeté que vous faites, une unie, une à l'envers. Lorsque vous avez fait deux jetés il faut toujours tricoter dans ces deux jetés une maille unie et une maille à l'envers.
aug,	augmenter une maille : tricoter une maille prise au pied de la précédente.
ajo,	ajouter une ou plusieurs mailles; cela se rencontre dans certains tricots : au commencement de l'aiguille, vous tricotez une maille, sans faire couler celle dans laquelle vous venez de passer le fil, mais vous ajoutez la nouvelle maille à l'autre. Faites de même si l'explication prescrit d'ajouter deux ou trois mailles.
rab,	rabattre une maille : c'est passer la maille sur la suivante et tricoter celle-ci ; toutefois : lorsque cela se trouve dans un œillet par cinq mailles vous ne tricotez pas la maille, mais la prenez avec la suivante.
fer,	fermer une ou plusieurs mailles : vous passez successivement les unes sur les autres le nombre de mailles indiquées.
lru,	le reste uni.
re l'ou,	retourner l'ouvrage.
mt,	maille tordue.
p,	points dans le crochet.
rel,	relever les points.
cou,	couler les points.

CONSEILS AUX LECTRICES

Après avoir appris les abréviations, il faut apprendre la manière dont chaque chose se fait : il faut aussi savoir choisir ses aiguilles, il est difficile de donner des conseils à cet égard. Toutes les indications que j'ai données sont loin de remplir les conditions qui conviennent à chaque personne. Il faut se munir d'une filière pour acheter les numéros indiqués, parce que tous les numéros sont pris à la filière.

Le fil est la chose la plus importante ; c'est lui qui fait la beauté de l'ouvrage.

Si vous faites des dentelles, il faut casser vos aiguilles et faire une boule avec de la cire afin que vos mailles ne coulent pas. Il est plus facile de travailler avec des aiguilles courtes et c'est beaucoup moins fatigant, c'est plus gracieux, plus expéditif.

Maintenant nous allons apprendre les choses essentielles avant d'entreprendre les dentelles. Je pourrai renvoyer au 1er volume, mais pour les lecteurs du présent livre, je vais résumer ces notions, toutefois sans m'occuper du lainage.

Le mot uni joint à maille veut dire maille à l'endroit, non tordue, joint au mot aiguille il signifie qu'il n'y a ni jeté ni rétréci.

Comment se fait un rétréci ? Il se fait de plusieurs manières. On passe une maille de l'aiguille gauche sur l'aiguille droite, ce qui s'appelle maille levée; on tricote la maille suivante et l'on rabat la maille non tricotée ou levée sur la maille tricotée. Il y a aussi : prendre 2 mailles ensemble puis le rétréci ou 2 mailles ensemble tordues. Si vous faites un dessin qui doit se fermer en cône, le 1er rétréci que vous faites doit se faire tordu ; vous prenez les 2 mailles ensemble mais tordues. Le 2e rétréci se fait de gauche à droite. Vous n'avez qu'à prendre vos 2 mailles ensemble, vous faites ces rétrécis en faisant des mailles à l'endroit ou à l'envers selon ce que vous faites.

Il en est de même de 3 mailles à la fois. C'est plus joli de lever une maille, de prendre les deux suivantes ensemble et de rabattre votre maille levée.

Le jeté doit presque toujours remplacer 1 maille qui vient de disparaître par un rétréci que l'on vient de faire ou que l'on va faire, aussi est-ce très important de ne pas le laisser tomber, il augmente quelquefois le nombre des mailles, et produit toujours un jour. Le jeté est simple à faire, c'est le fil que vous laissez sur l'aiguille. Il en est de même des deux jetés : c'est le fil que vous passez autour de l'aiguille ; lorsque vous revenez à ces deux jetés il est important de tricoter 1 maille à l'endroit 1 maille à l'envers. Vous intercalez toujours ces mailles si on vous indique 3 ou 4 mailles dans la suivante.

Augmenter une maille n'est pas faire un jeté. C'est souvent important que la maille dont on a besoin en plus de celles qui sont sur l'aiguille ne marque pas, ne fasse pas jour. Pour cela il faut prendre dans la maille qui est au pied de celle qui suit la maille que vous venez de tricoter ; cette maille se trouve forcément 1 rang ou aiguille plus bas.

Ajouter 1 maille : cela se fait toujours au commencement ou à la fin de l'aiguille, plus souvent au commencement. Vous tricotez une maille, mais au lieu de sortir la maille dans laquelle vous venez d'en former une, vous ajoutez la maille que vous venez de faire. Vous continuez si vous avez plusieurs mailles à ajouter.

Rabattre une maille cela se fait dans les rétrécis et aussi pour fermer un ouvrage, mais cette expression joue encore un autre rôle, alors rabattre une maille est presque toujours précédé d'un jeté. Cette maille que l'on rabat fait un jour plus clair, plus rond qu'un rétréci. Dans les œillets c'est bien plus joli, bien plus clair de rabattre une maille que de faire un rétréci.

Le reste uni veut dire qu'il n'y a ni jeté, ni rétréci ; cette expression marque aussi une ou plusieurs mailles à l'endroit.

Il faut bien serrer la dernière maille lorsqu'on doit retourner l'ouvrage ; ne pas tricoter cette maille quand on vient de retourner l'ouvrage en commençant l'aiguille et lorsqu'on revient à cette maille il faut la prendre tordue, c'est ainsi qu'elle marquera le moins.

Fermer : ce sont les mailles qui se rabattent successivement les unes après les autres, aussi nombreuses que l'indication le dit.

Les mailles tordues dans les dentelles ne servent guère qu'à éclaircir les rivières de jours, aussi il est bon de tordre la maille qui précède ou suit le rétréci.

Il y a deux sortes de tricots bien différents : le tricot à fil croisé et le tricot à fil simple.

Le tricot à fil croisé est celui où la 1re aiguille forme un dessin, la 2e est presque toujours unie.

Le tricot fil simple est beaucoup plus clair, plus léger, et les dessins se font à l'envers comme à l'endroit. Quelquefois on peut mélanger les deux genres, mais il faut veiller à ce que le 1er genre ne rétrécisse pas trop le deuxième.

Je vous ferai remarquer que presque toutes mes dentelles sont tricotées avec des mailles à l'endroit, c'est ce qui fait qu'elles ressemblent moins à du tricot ; on voit moins les mailles. Il y a des dessins qui sont plus jolis ayant un endroit ; l'entre-deux qui se trouve dans l'aube (fig. n° 67) est moins joli tricoté toujours à l'endroit, vous trouverez cet entre-deux tricoté des deux manières dans la figure 25.

C'est surtout le fil qui joue un grand rôle. Ne vous servez jamais de tous ces fils appelés cordonnet au crochet. Ces fils sont faits avec du coton. Les dentelles ne se tiennent pas plates, l'ouvrage se coquille sur lui-même, ce n'est pas joli.

Beaucoup de mes modèles ont été faits avec le fil au crochet, parce que je me sers de fil fin et qu'à la photographie les dessins faits avec le fil dentelle ne ressortent pas aussi bien. Plusieurs personnes ont été étonnées que leurs ouvrages fussent plus jolis que les modèles contenus dans mon manuel, c'est de la qualité du fil que cela vient et les dentelles sont plus solides et ne s'épaississent pas.

NŒUD DE TISSERAND

Prenez dans chaque main un bout de fil, passez sous celui de la main gauche celui que vous tenez de la main droite, faites une boucle que vous passez sur le pouce, puis sous le fil qui était à votre main droite et dessus celui de la main gauche ce qui croise les fils, puis rabattez le bout de fil qui est à la main gauche dans la boucle, tirez le fil qui est dans la main droite. Vous tenez les deux bouts de fil, l'un sous le pouce, l'autre entre l'index et le majeur.

Il faut apprendre à faire ce nœud, car dans les tricots de fantaisie, il faut nouer le fil.

MANUEL DE TRICOT

COURS SUPÉRIEUR

PREMIÈRE PARTIE

DENTELLES DE FIL AU TRICOT

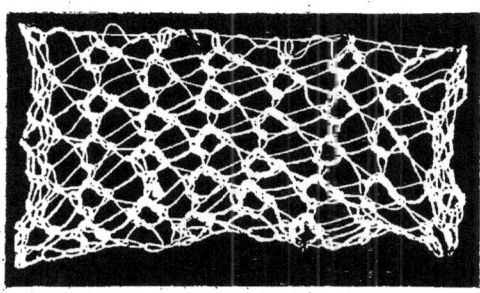

Fig. N° 1. — Jours œillets, 5 Mailles.

Monter un nombre de mailles divisible par 6, mais on peut faire les œillets par 7 ou 9. 1re Aiguille. 1j, 1r, rab 1m, prendre cette maille sur laquelle vous avez rabattue avec la suivante pour faire un rétréci 1j, 1u, 1 j. — 2e Aiguille. 1j, 3u, 1j, 3alf.

Fig. N° 2. — Semis Feuille de Rose, 9 Mailles.

Monter un nombre de mailles divisible par 10.
1re Aiguille. 1j, 1u, 1j, 2u, 1r, 1e, 1r, 2u. — 2e Aiguille. 1e, 1r, 1u, 1r, 1e, 1j, 3e, 1j. 3e Aiguille, 1j, 5u, 1j, 1r, 1e, 1r. 4e Aiguille. 3 alf à 'envers, 1j, 7e, 1j. 5e Aiguille. 2u, 1r, 1e, 1r, 2u, 1j, 1u, 1j. 6e Aiguille 1j, 3e, 1j, 1e, 1r, 1u, 1r, 1e, 7e Aiguille. 1r, 1e, 1r, 1j, 5u, 1j. 8e Aiguille 1j, 7e, 1j, 3alf à l'envers, il  faut faire une aiguille à l'envers et une à l'endroit pour que la feuille ait un côté à l'endroit.

Fig. N° 3. — Semis pour Rideau d'Enfant.

Avec la dentelle fig. 20 on peut faire les taies d'oreillers, la garniture du petit lit ou berceau, sur transparent c'est très riche. Ce semis est par 11

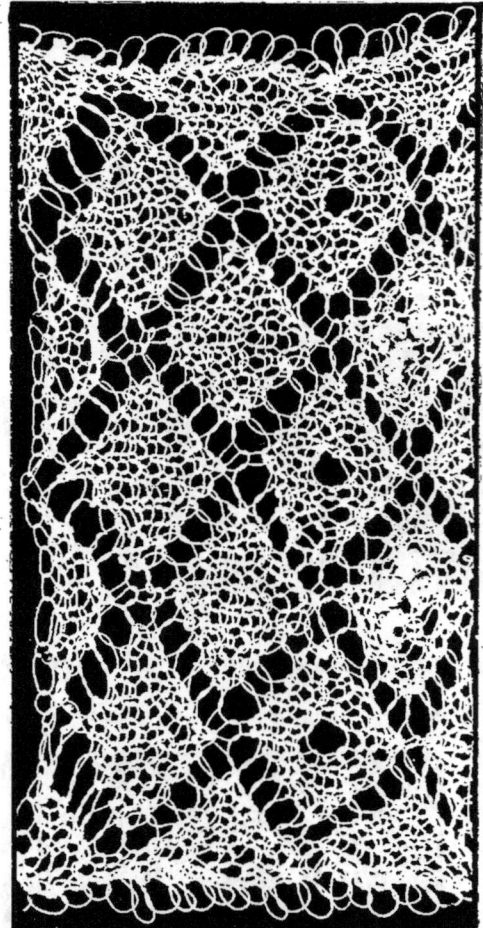

— 2° *Aiguille*. unie. — 3° *Aiguille*. 1j, 1r, 7u, 1r, 1j, 3u. — 4° *Aiguille*. unie. — 5° *Aiguille*. 1j, 1r, 5u, 1r, 1j, 5u. — 6° *Aiguille* unie. — 7° Ai-

mailles; il peut se faire par 13 ou 15 selon que l'on veut le carré plus ou moins grand.

Monter un nombre de mailles divisible par 11. — 3 carrés font 8 centimètres. — Prenez du fil n° 120 et des aiguilles n° 9.

1re *Aiguille*. 1j, 1r, 9u, 1r, 1j, 1u.

guille. 1j, 1r, 3u, 1r, 1j, 7u. — 8° *Aiguille* unie. — 9° *Aiguille*. 1j, 1r, 1u, 1r, 1j, 9u. — 10° *Aiguille* unie, — 11° *Aiguille*. 1j, 3alf, 1j, 11u, 12° *Aiguille* unie. — Vous pouvez sur les carrés faire le relief ou les jours si vous en faites à la dentelle; on peut aussi faire des stores avec ce travail.

Fig. N° 4. — Semis Fils simple.

Monter un nombre de mailles divisible par 12. 1re Aiguille 1j, 1r, 1u, 1j, 1r, 7u, 1r, 1j, 1u, 1j, 1r, 7u, 1r, 1j, 1u, 1j, 1r, 7u, 1r, 1j, 3u. — 2e Aiguille. 1j, 1r, 2u, 1j, 1r, 5u, 1r, 1j, 3u, 1j, 1r, 5u, 1r, 1j, 3u, 1j, 1r, 5u, 1r, 1j, 4u. 3e Aiguille, 1j, 1r, 3u, 1j, 1r, 3u, 1r, 1j, 5u, 1j, 1r, 3u, 1r, 1j, 5u, 1j, 1r, 3u, 1r, 1j, 5u. — 4e Aiguille. 1j, 1r, 4u, 1j, 1r, 1u, 1r, 1j, 7u, 1j, 1r, 1u, 1r, 1j, 7u, 1j, 1r, 1u, 1r, 1j, 6u. — 5e Aiguille. 1j, 1r, 5u, 1j, 3 alf, 1j, 9u, 1j, 1r, 3 alf, 1r, 1j, 9u, 1j, 1r, 3 alf, 1r, 1j, 7u. — 6e Aiguille. 1j, 1r, 4u, 1r, 1j, 1u, 1j, 1r, 7u, 1r, 1j, 1u, 1j, 1r, 7u, 1r, 1j, 1u, 1j, 1r, 6u. — 7e Aiguille. 1j, 1r, 3u, 1r, 1j, 3u, 1j, 1r, 5u, 1r, 1j, 3u, 1j, 1r, 5u, 1r, 1j, 3u, 1j, 1r, 5u. — 8e Aiguille. 1j, 1r, 2u, 1r, 1j, 5u, 1j, 1r, 3u, 1r, 1j, 5u, 1j, 1r, 3u, 1r, 1j, 5u, 1j, 1r, 4u. — 9e Aiguille. 1j, 1r, 1u, 1r, 1j, 7u, 1r, 1r, 1u, 1r, 1j, 7u, 1j, 1r, 1u, 1r, 1j, 7u, 1j, 1r, 3u. — 10e Aiguille. 1j, 1r, 1r, 1j, 9u, 1j, 3alf, 1j, 9u, 1j, 3alf, 1j, 9u, 1j.

Fig. N° 5. — Dentelle.

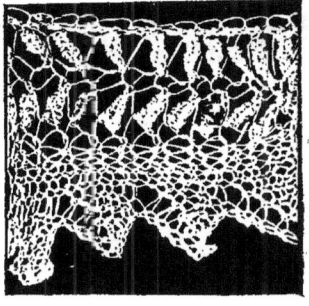

Monter 12 mailles. 1re Aiguille. 1u, aug 1m, 5u, fer 3m, 7mdls, 2u. — 2e Aiguille. 1j, 1r, fer 6m, 7mdls, 7u. — 3e Aiguille. 1u, aug 1m, 6u, retournez l'ouvrage et uni. — 4e Aiguille. 1u, aug 1m, 7u, fer 6m, 7mdls, 2u. — 5e Aiguille. 1j, 1r, fer 6m, 7mdls, 9u. — 6e Aiguille. 1u, aug 1m, 8u, re l'ou, 9u, aug 1m, 1u. — 7e Aiguille. fer 5m, 5u, fer 6m, 7mdls, 2u. — 8e Aiguille. 1j, 1r, re l'ou et uni, 1j, 1r, fer 6m, 7mdls, 6u.

Il faut remarquer que vous tricotez la dent deux fois pendant que vous ne faites le point de Venise qu'une fois il est bon aussi de faire le pied plus souvent que le point de Venise.

Vous pouvez exhausser cette dentelle en ajoutant plusieurs points de Venise.

Cette petite dent seule fait bon effet dans la lingerie parce qu'elle est très pointue. Vous pouvez la faire seule, mais la monter par 8 mailles et faire le pied par 1j, 1r.

Fig. N° 6. — Dentelle pour Lingerie.

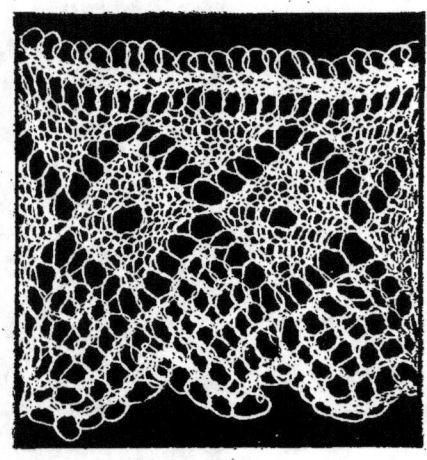

Monter 20 mailles. 1re *Aiguille*. 1r, 1j, 1r, 1j, 1u, 1j, 3alf, 1j, 5u, 1j, 1r, 1j, 1r, 1j, 1r, 1j, 1r, 3u, 1j, rab 1m, 2u, 1r, 1j, 1u, 1j, 1r, 2u. — 2e *Aiguille*. 1j, 1r, 1ru. — 3e *Aiguille*. 1j, 1r, 1j, 1r, 1j, 1u, 1j, 1r, 5u, 1r, 1j, 2u, 1j, 1r, 2u. — 4e *Aiguille*. 1j, 1r, 1ru. — 5e *Aiguille*. 1j, 1r, 1j, 1r, 1j, 1r, 1j, 1u, 1j, 3u, 1r, 1j, 3u, 1j, 1r, 2u. — 6e *Aiguille* 1j, 1r, 1ru. — 7e *Aiguille*. 1j, 1r, 1j, 1r, 1j, 1r, 1j, 1r, 1j, 1u, 1j, 1r, 1u, 1r, 1j, 4u, 1j, 1r, 2u. — 8e *Aiguille*. 1j, 1r, 1ru. — 9e *Aiguille*. 1j, 1r, 1j, 1r, 1j, 1r, 1j, 2u. — 10e *Aiguille*. 1j, 1r, 1ou, 3alf, 1j, 1r, 1j, 1r, 1j, 1r, 1j, 1r, 1u. — 11e *Aiguille*. 1j, 1r, 8u, 1j, 3u, 1j, 1r, 3u, 1j, 1r, 2u. — 12e *Aiguille*. 1j, 1r, 11u, 3alf, 1j, 1r, 1j, 1r, 1u. — 13e *Aiguille*. 1j, 1r, 6u, 1j, 1r, 5u, 1r, 2u, 1j, 1r, 2u. — 14e *Aiguille*. 1j, 1r, 3alf, 1j, 1r, 1j, 1r, 2u. — 15e *Aiguille*. 1j, 1r, 4u, 1j, 7u, 1j, 1r, 1u, 1j, 1r, 2u. — 16e *Aiguille*. 1j, 1r, 13u, 3alf, 1j, 1r, 1u. — 17e *Aiguille*. 1j, 1r, 1j, 1r, 1j, 9u, 1j, 1r, 1j, 1r, 2u. — 18e *Aiguille*. 1j, 1r, 1ru.

Fig. N° 7. — Petite Dentelle pour Layette.

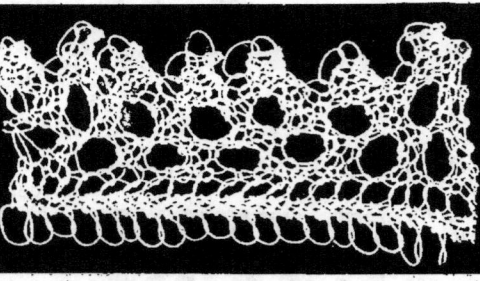

Monter 10 mailles. 1re *Aiguille*. 1j, 1r, 3u, 2j, 1r, 2j, 1r, 1u.
2e *Aiguille*. 1j, 3u, 1e, 2u, 1e, 1u, 1j, 1r, 2u.
3e *Aiguille*. 1j, 1r, le reste uni.
4e *Aiguille*. 1j, 9u, 1j, 1r, 2u.
5e *Aiguille*. 1j, 1r, le reste uni. —
6e *Aiguille*. fer 4m, 5u, 1j, 1r, 2u.

Petite Dentelle, texte n° 1.

Monter 12 mailles. — Cette dentelle faite avec du fil n° 144 et des aiguilles n° 6 est très fine et fait très bon effet cousue au bord d'un volant de nansouk clair; elle fera une jolie garniture soit pour chemise soit pour pantalon.

1re *Aiguille*. 1j, 1r, 3u, 2j, 1r, 2u, 2j, 1r, 1u. — 2e *Aiguille*, 1j, 3u, 1e, 4u, 1e, 1u, 1j, 1r, 2u. — 3e *Aiguille*. 1j, 1r, 4u, 2j, 1r, 3u, 2j, 1r, 2u. — 4e *Aiguille*. 1j, 4u, 1e, 5u, 1e, 2u, 1j, 1r, 2u. — 5e *Aiguille*. 1j, 1r, 5u, 2j, 1r, 4u, 2j, 1r, 3u. — 6e *Aiguille*. 1j, 5u, 1e, 6u, 1e, 3u, 1j, 1r, 2u. — 7e *Aiguille*. 1j, 1r, 6u, 2j, 1r, 11u. — 8e *Aiguille*. fer 10m, 2u, 1e, 4u, 1j, 1r, 2u.

Fig. N° 8. — Petite Dentelle pour Lingerie.

Monter 10 mailles. — 1re *Aiguille*. 1j, 1r, 5u, 1j, 1r, 1u. — 2e *Aiguille*. 1j, 1r, 5u, 1j, 1r, 1u. — 3e *Aiguille*. 1j, 1r, 6u, 1j, 2u. — 4e *Aiguille*. 1j, 1r, 6u, 1j, 1r, 1u. — 5e *Aiguille*. 1j, 1r, 3u, 1j, rab 1m, 2u, 1j, 2u. — 6e *Aiguille*. 1j, 1r, 7u, 1j, 1r, 1u. — 7e *Aiguille*. 1j, 1r, 8u, 1j, 2u. — 8e *Aiguille*. 1j, 1r, 8u, 1j, 1r, 1u. — 9e *Aiguille*. 1j, 1r, 9u, 1j, 2u. — 10e *Aiguille*. 1j, 1r, 1u. — 11e *Aiguille*. 1j, 1r, 10u, 1j, 2u. — 12e *Aiguille*. 1j, 1r, 10u, 1j, 1r, 1u. — 13e *Aiguille*. 1j, 1r, 3u, 1j, 1r, 1j, 1r, 1j, 1r, 1j, 2u. — 14e *Aiguille*. 1j, 1r, 10u, 1j, 1r, 1u. — 15e *Aiguille*. 1j, 1r, 8u, 1j, 1r, 1u. — 16e *Aiguille*. 1j, 1r, 9u, 1j, 1r, 1u. — 17e *Aiguille*. 1j, 1r, 7u, 1r, 1j, 1r, 1u. — 18e *Aiguille*. 1j, 1r, 8u, 1j, 1r, 1u. — 19e *Aiguille*. 1j, 1r, 6u, 1r, 1j, 1r, 1u. — 20e *Aiguille*. 1j, 1r, 7u, 1j, 1r, 1u. — 21e *Aiguille*. 1j, 1r, 3u, 1j, rab 1m, 1r, 1j, 1r, 1u. — 22e *Aiguille*. 1j, 1r, 6u, 1j, 1r, 1u. — 23e *Aiguille*. 1j, 1r, 4u, 1r, 1j, 1r, 1u. — 24e *Aiguille*. 1j, 1r, 5u, 1j, 1r, 1u.

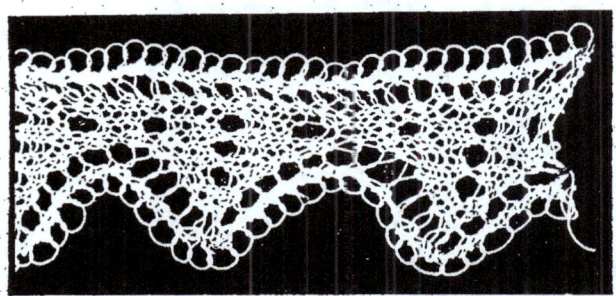

Fig. N° 9. — Dentelle pour Taie d'Oreiller, Saut de Lit.

Monter 25 mailles. — 1re *Aiguille*. 1j, 1r, 1j, 1r, 1j, 1r, 3u, 1j, rab 1m, 2u, 1r, 1j, 1u, fer 3m, 7mdls, 2u, 1j, 1r, 2u. — 2e *Aiguille*, 1j, 1r, 4u, fer 6m, 7mdls, 1ru. — 3e *Aiguille*. 1j, 1r, 1j, 1r, 1j, 1u, 1j, 1r, 5u, 1r, 2u, rel'ou, et uni. — 5e *Aiguille*. 1j, 1r, 1j, 1r, 1j, 1r, 1j, 1u, 1j, 3u, 1r, 1j, 3u, fer 6m, 7mdls, 2u, 1j, 1r, 2u, rel'ou, 1j, 1r, 4u, rel'ou, 2u, 1j, 1r, 2u. — 6e *Aiguille*, 1j, 1r, 4u, fer 6m, 7mdls, 1ru. — 7e *Aiguille*. 1j, 1r, 1j, 1r, 1j, 1r, 1j, 1r, 1u, 1j, 1r, 1j, 4u, rel'ou, et uni. — 9e *Aiguille*. 1j, 1r, 1j, 1r, 1j, 1r, 1j, 1r, 1j, 1r, 1j, 1u, 1j, 3alf, 1j, 5u, fer 6m, 7mdls, 2u, 1j, 1r, 2u. — 10e *Aiguille*. 1j, 1r, 4u, fer 6m, 7mdls, 8u, 3alf, 1r, 1r, 1j, 1r, 1j, 1r, 1j, 1r, 1u. — 11e *Aiguille*. 1j, 1r, 8u, 1j, 3u, 1j, 1r, 3u, rel'ou, 9u, 3alf, 1j, 1r, 1j, 1r, 1u. — 13e *Aiguille*. 1j, 1r, 6u, 1j, 1r, 5u, 1r, 2u, fer 6m, 7mdls, 10 u, 3alf, 1j, 1r, 1j, 1r, 1j, 1u. — 15e *Aiguille*. 1j, 1r, 4u, 1j, 7u, 1j, 1r, 1u, rel'ou, 11u, 3alf, 1j, 1r, 1u. — 17e *Aiguille*. 1j, 1r, 4u, 1r, 1j, 9u, 1j, 1r, fer 6m, 7mdls, 2u, 1j, 1r, 2u. — 18e *Aiguille*. 1j, 1r, 4u, fer 6m, 7mdls. le reste uni. A la 1re *Aiguille*, il faut chaque fois que vous y revenez fer 6 mailles. Si vous voulez votre dentelle plus élevée, ajoutez des points de Venise.

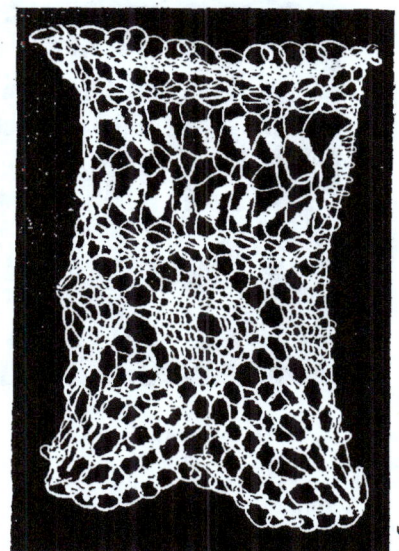

Fig. N° 10. — Dentelle Fil simple.

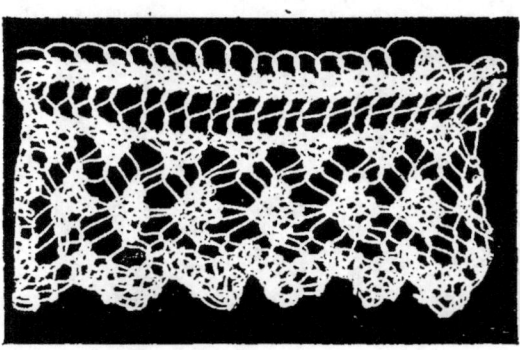

Monter 15 mailles fil n° 120 Aiguilles n° 8. 1ʳᵉ Aiguille. 1j, 1r, 2u, 1j, 1r, 1u, 1j, 1r, 1u, 1r, 1j, 3u. — 2ᵉ Aiguille. 3u, 1j, 1u, 1j, 3alf, 1j, 4u, 1j, 1r, 2u. — 3ᵉ Aiguille. 1j, 1r, 2u, 1j, 1r, 3u, 1j, 1u, 1j, 6u. — 4ᵉ Aiguille. 6u, 1j, 3u, 1j, 1r, 3u, 1j, 1r, 2u. — 5ᵉ Aiguille. 1j, 1r, 2u, 1j, 1r, 1r, 1j, 5u, 1j, 6u. — 6ᵉ Aiguille. fer mailles, 1u 1j, 1r, 3u, 1r, 1j, 1r, 1u, 1j, 1r, 2u. On peut se servir de cette dentelle dans la lingerie fine; elle fait bon effet à cause de sa légèreté.

Fig. N° 11. — Dentelle pour Lingerie.

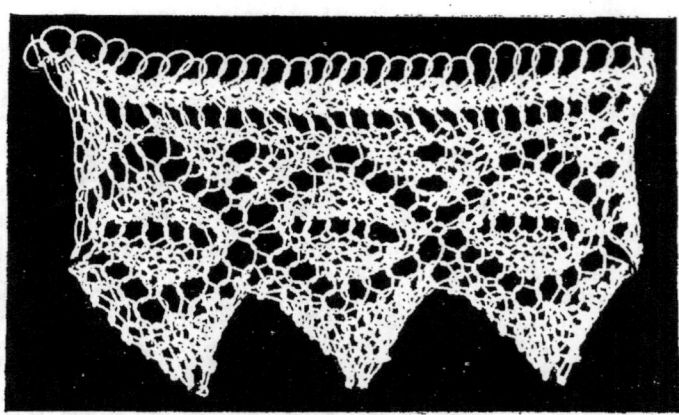

Monter 14 mailles. 1ʳᵉ Aiguille. 2u, 1j, 3u, 1j, 1r, 3u, 1j, 1r, 2u. — 2ᵉ Aiguille. 1j, 1r, le reste uni. — 3ᵉ Aiguille. 2u, 1j, 2u, 1j, 1r, 1u, 1j, 1r, 2u, 1j, 1r, 2u. — 4ᵉ Aiguille. 1j, 1r, le reste uni. — 5ᵉ Aiguille. 2u, 1j, 3u, 1j, 1r, 2u, 1j, 1r, 1u, 1j, 1r, 2u. — 6ᵉ Aiguille. 1j, 1r, le reste uni. — 7ᵉ Aiguille. 2u, 1j, 4u, 1j, 1r, 3u, 1j, 1r, 1j, 1r, 2u. — 8ᵉ Aiguille. 1j, 1r, le reste uni. — 9ᵉ Aiguille. 3u, 1j, 1r, 2u, 1j, 1r, 1u, 1r, 1j, 2u, 1j, 1r, 2u. — 10ᵉ Aiguille. 1j, 1r, le reste uni. — 11ᵉ Aiguille. 4u, 1j, 1u, 1j, 1r, 1r, 1j, 3u, 1j, 1r, 2u. — 12ᵉ Aiguille. 1j, 1r, le reste uni. — 13ᵉ Aiguille. 4u, 1j, 1u, 1j, 1r, 1u, 1r, 1j, 4u, 1j, 1r, 2u. — 14ᵉ Aiguille. 1j, 1r, le reste uni. — 15ᵉ Aiguille. 6u, 1j, 1u, 1j, 3alf, 1j, 5u, 1j, 1r, 2u. — 16ᵉ Aiguille. 1j, 1r, 2u, 1r, 1j, 1r, 1j, le reste uni. — 17ᵉ Aiguille. fer 7m, 1u, 1j, 1u, 1r, 4u, 1j, 1r, 2u. — 18ᵉ Aiguille. unie.

Fig. N°. 12. — Dentelle pour Lingerie.

Monter 14 mailles. — 1re Aiguille. 2u, 1j, 1r, 3u, 1r, 1u, 1r, 1j, 2u. — 2e Aiguille. 1j, 1r, le reste uni. — 1j, 1u, 1j, 1u, 1j, 1r, 2u, 1j, 1r, 2u. — 8e Aiguille. 1j, 1r, le reste uni. — 9e Aiguille. 8u, 1j, 3u, 1j, 1r, 1u, 1j,

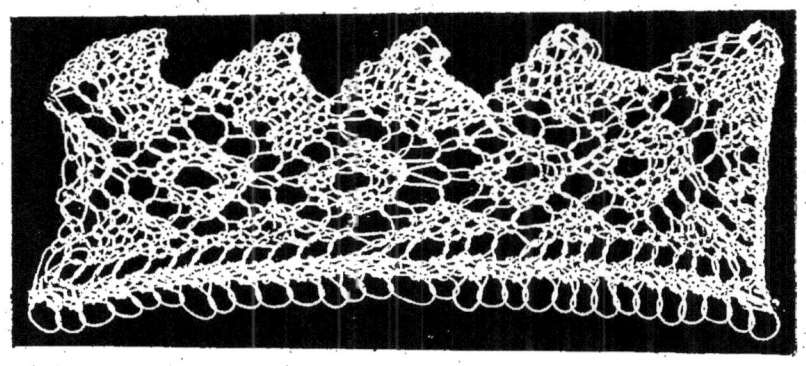

3e Aiguille. 2u, 1j, 1u, 1j, 1r, 1u, 1r, 1j, 2u, 1j, 1r, 2u. — 4e Aiguille. 1j, 1r, le reste uni. — 5e Aiguille. 4u, 1j, 1u, 1j, 3alf, 1j, 3u, 1j, 1r, 2u. — 6e Aiguille. 1j, 1r, le reste uni. — 7e Aiguille. 6u, 1r, 2u. — 10e Aiguille. 1j, 1r, le reste uni. — 11e Aiguille. 8u, 1j, 5u, 1j, 1r, 1j, 1r, 2u. — 12e Aiguille. 1j, 1r, 5u, 1j, rab 1m, le reste uni. — 13e Aiguille. fer 6m, et faire l'aiguille n° 1.

Dentelle, texte n° 1 bis.

Monter un nombre de mailles divisible par 16, fil n° 72, — Aiguille, n° 15. Tricoter 3 aiguilles à l'endroit. 1re Aiguille. 1j, 6u, 1 levé, 1r, rablamlevée, 6u, 1j, 1u. — 2e Aiguille. à l'endroit. — 3e Aiguille. 1u, 1j, 5u, 3alf, 5u, 1j, 2u. — 4e Aiguille. à l'endroit. — 5e Aiguille. 2u, 1j, 4u, 3alf, 4u, 1j, 3u. — 6e Aiguille. à l'endroit. — 7e Aiguille. 3u, 1j, 3u, 3alf, 3u, 1j, 4u. — 8e Aiguille. à l'endroit. — 9e Aiguille. 4u, 1j, 2u, 3alf, 2u, 1j, 5u. — 10e Aiguille. à l'endroit. — 11e Aiguille. 5u, 1j, 1u, 3alf, 1u, 1j, 6u. — 12e Aiguille. à l'endroit. — 13e Aiguille. 6u, 1j, 3alf, 1j, 7u.

Cette dentelle peut commencer une aube, une garniture d'autel, un voile de fauteuil; vous l'arrêtez à la hauteur que vous voulez; si vous deviez y ajouter un dessin, faites deux aiguilles à l'endroit, puis à la 3e 1j, 1r, tout au long et deux aiguilles à l'endroit, alors vous commencez le dessin que vous avez choisi.

Fig. N° 14. — Dentelle du Chemin de Table.

Cette dentelle est celle du chemin de table. — Dentelle fil simple; le dessin se fait à l'endroit et à l'envers, on peut en garnir des taies d'oreiller des saut de lit, des bas de pantalon d'enfant.

Monter 33 mailles, fil n° 120, Aiguille n° 8. 1re Aiguille. 1j, 1r, 4u, 1j, 1r, 5u, 1j, 2u, 3alf, 2u, 1j, 5u, 1r, 1j, 3alf, 1j, 1r, 1u. — 2e Aiguille. 1j, 1r, 1j, 1r, 1j, 1u, 1j, 1r, 5u, 1j, 1u, 3alf, 1u, 1j, 5u, 1r, 1j, 3u, 1j, 1r, 2u. — 3e Aiguille. 1j, 1r, 6u, 1j, 1r, 5u, 1j, 3alf, 1j, 5u, 1r, 1j, 7u. — 4e Aiguille. 1j, 1r, 1j, 1r, 1j, 1r, 1j, 1r, 7u, 1r, 2u, 1r, 1j, 5u, 1j, 1r, 2u. — C'est à cette aiguille qu'il faut commencer le coin. — 5e Aiguille. 1j, 1r, 8u, 1j, 1r, 8u, 1r, 1j, 9u. —

6e *Aiguille.* 1j, 1r, 1j, 1r, 1j, 1r, 1j, 1r, 1j, 1r, 1j, 1r, 6u, 1r, 1j, 7u, 1j, 1r, 2u. — 7e *Aiguille.* 1j, 1r, 10u, 1j, 1r, 4u, 1r, 1j, 11u. — 8e *Aiguille.* 1j, 1r, 1j, 1r, 1j, 1r, 1j, 1r, 1j, 1r, 1j, 1r, 2u, 1r, 1j, 9u, 1j, 1r, 2u. — 9e *Aiguille.* 1j, 1r, 12u, 1j, 1r, 1r, 1j, 13u. — 10e *Aiguille.* 1j, 1r, 1j, 1r, 1j, 1r, 1j, 1r, 1j, 1r, 1j, 1r, 1j, 1r, 1j, 2u, 1j, 11u, 1j, 1r, 2u. — 11e *Aiguille.* 1j, 1r, 2u, 1r, 1j, 1r, 1j, 1r, 1j, 1r, 1j, 2u, 1r, 1j, 2u, 1j, 1r, 1j, 1r, 1j, 1r, 1j, 1r,1j, 1r, 1j, 1r, 1j, 1r, 1u. — 12e *Aiguille.* 1j, 1r, 12u, 1j, 4u, 1j, 1r, 9u, 1j, 1r, 2u. — 13e *Aiguille.* 1j, 1r, 10u, 1r, 6u, 1j, 3alf, 1j, 1r, 1j, 1r, 1j, 1r, 1j, 1r, 1j, 1r, 1u. — 14e *Aiguille.* 1j, 1r, 10u, 1j, 8u, 1j, 1r, 7u, 1j, 1r, 2u. — 15e *Aiguille.* 1j, 1r, 8u, 1r, 1j, 1r, 10u, 1j, 3alf, 1j, 1r, 1j, 1r, 1j, 1r, 1j, 1r, 1u. — 16e *Aiguille.* 1j, 1r, 8u, 1j, 12u, 1j, 1r, 5u, 1j, 1r, 2u. — 17e *Aiguille.* 1j, 1r, 6u, 1r, 1j, 5u, 1r, 1j, 1r, 5u, 1j, 3alf, 1j, 1r, 1j, 1r, 1j, 1r, 1u. — 18e *Aiguille.* 1j, 1r, 6u, 1j, 5u, 1r, 1j, 1u, 1j, 1r, 5u, 1j, 1r, 3u, 1j, 1r, 2u. — 19e *Aiguille.* 1j, 1r, 4u, 1r, 1j, 5u, 1r, 1j, 3u, 1j, 1r, 5u, 1j, 3alf, 1j, 1r, 1j, 1r, 1u. — 20e *Aiguille.* 1j, 1r, 4u, 1j, 5u, 1r, 1j, 5u, 1j, 1r, 5u, 1j, 1r, 1u, 1j, 1r. 2u.

Fig. Nos 14 et 15. — Entre-deux du Chemin de Table.

Monter 24 mailles, fil simple, le dessin se fait à l'endroit et à l'envers.
1re *Aiguille.* 1j, 1r, 1j, 1r, 1j, 1r, 1j, — 5e *Aiguille.* 1j, 1r, 3u, 1r, 1j, 10u, 1j, 1r, 5u. — 6e *Aiguille.* 1j, 1r, 2u, 1r, 1j, 12u, 1j, 1r, 4u. — 7e *Aiguille.* 1j, 1r,

1r, 1u, 1r, 1j, 2u, 1j, 1r, 1u, 1r, 1j, 1r, 1j, 1r, 1j, 2u. — 2e *Aiguille.* 1j, 1r, 6u, 1r, 1j, 4u, 1j, 1r, 8u. — 3e *Aiguille.* 1j, 1r, 5u, 1r, 1j, 6u, 1j, 1r, 7u. — 4e *Aiguille.* 1j, 1r, 4u, 1r, 1j, 8u, 1j, 1r, 6u. 1u, 1r, 1j, 5u, 1r, 1j, 1r, 5u, 1j, 1r, 3u. — 8e *Aiguille.* 1j, 1r, 1r, 1j, 5u, 1r, 1u, 1j, 1r, 5u , 1j, 1r, 2u. — 9e *Aiguille.* 1j, 1r, 1u, 1j, 5u, 1r, 1j, 3u, 1j, 1r, 5u, 1j, 3u. — 10e *Aiguille.* 1j, 1r, 1u, 1j, 1r,

5u, 1j, 1u, 3alf, 1j, 5u, 1r, 1j, 3u. — 11e *Aiguille*. 1j, 1r, 2u, 1j, 1r, 5u, 1j, 3alf, 1j, 5u, 1r, 1j, 4u. — 12e *Aiguille*. 1j, 1r, 3u, 1j, 1r, 7u, 1r, 2u, 1r, 1j, 5u. — 13e *Aiguille*. 1j, 1r, 4u, 1j, 1r, 8u, 1r, 1j, 6u. — 14e *Aiguille*. 1j, 1r, 5u, 1j, 1r, 6u, 1r, 1j, 7u. — 15e *Aiguille*. 1j, 1r, 6u, 1j, 1r, 4u, 1r, 1j, 8u. — 16e *Aiguille*. 1j, 1r, 7u, 1j, 1r, 2u, 1r, 1j, 9u. — 17e *Aiguille*. 1j, 1r, 8u, 1j, 1r, 1r, 1j, 10u. C'est à la 9e *Aiguille* qu'il faut commencer le coin.

Dessous de Carafes du Chemin de Table.

Pour faire ces dessous de carafe, il faut monter 33 mailles et faire 4 coins de la dentelle du chemin de table. Il ne faut pas mettre de toile au milieu ; ce sera plus joli et plus nouveau.

Fig. N°. 16. — Entre-deux Garniture de Pantalon.

Employer du fil 108 et Aiguille n° 14.

Monter 25 mailles. 1re *Aiguille*. 1j, 1r, 8u, 1r, 1j, 1u, 1j, 1r, 5u, 1j, 1r, 3u. — 2e *Aiguille*. 1j, 1r, 18u, 1j, 1r, 3u. — 3e *Aiguille*. 1j, 1r, 7u, 1r, 1j, 3u, 1j, 1r, 4u, 1j, 1r, 3u. — 4e *Aiguille*. 1j, 1r, 18u, 1j, 1r, 3u. — 5e *Aiguille*. 1j, 1r, 6u, 1r, 1j, 5u, 1j, 1r, 3u, 1j, 1r, 3u. — 6e *Aiguille*. 1j, 1r, 10u, 1j, rab 1m, 6u, 1j, 1r, 3u. — 7e *Aiguille*. 1j, 1r, 5u, 1r, 1j, 7u, 1j, 1r, 2u, 1j, 1r, 3u. — 8e *Aiguille*. 1j, 1r, 18u, 1j, 1r, 3u. — 9e *Aiguille*. 1j, 1r, 4u, 1r, 1j, 9u, 1j, 1r, 1u, 1j, 1r, 3u. — 10e *Aiguille*. 1j, 1r, 18u, 1j, 1r, 3u. — 11e *Aiguille*. 1j, 1r, 3u, 1r, 1j, 11u, 1j, 1r, 1j, 1r, 3u. — 12e *Aiguille*. 1j, 1r, 8u, il faut retourner l'ouvrage et sur cette aiguille ajouter

5 mailles, fermer 5 mailles, 5u, 1j, 1r, 3u. — 13e *Aiguille*. 1j, 1r, 4u, 1j, 1r, 9u, 1r, 1j, 1u, 1j, 1r, 3u. — 14e *Aiguille*. 1j, 1r, 18u, 1j, 1r, 3u. — 15e *Aiguille*. 1j, 1r, 5u, 1j, 1r, 7u, 1r, 1j, 2u, 1j, 1r, 3u. — 16e *Aiguille*. 1j, 1r, 18u, 1j, 1r, 3u. — 17e *Aiguille*. 1j, 1r, 6u, 1j, 1r 5u, 1r, 1j, 3u, 1j, 1r, 3u. — 18e *Aiguille*. 1j, 1r, 10u, 1j, rab 1m, 6u, 1j, 1r, 3u. — 19e *Aiguille*. 1j, 1r, 7u, 1j, 1r, 3u, 1r, 1j, 4u, 1j, 1r, 3u. — 20e *Aiguille*. 1j, 1r, 18u, 1j, 1r, 3u. — 21e *Aiguille*. 1j, 1r, 8u, 1j, 1r, 1u, 1r, 1j, 5u, 1j, 1r, 3u. — 22e *Aiguille*. 1j, 1r, 18u, 1j, 1r, 3u. — 23e *Aiguille*. 1j, 1r, 9u, 1j, 3alf, 1j, 6u, 1j, 1r, 3u. — 24e *Aiguille*. 1j, 1r, 5u, 1j, rab 1m, 8u, 1j, rab 1m, 1u, 1j, 1r, 3u.

Fig. N° 17. — Dentelle pour Pantalon Fil simple.

Cette dentelle peut aussi servir pour garniture de saut de lit, de chemise de nuit, de liseuse; faite avec du fil 300, elle serait jolie au bord d'un col, il faudrait des aiguilles n° 4.

Monter 39 *mailles, fil* 108. *Aiguilles* 11. 1re *Aiguille.* 1j, 1r, 1j, 1r, 1j, 1r, 1j, 1r, 6u, 1j, 1u, 3alf, 1u, 1j, 1u, 1j, 1u, 3alf, 1u, 1j, 6u, 1r, 1j, 2u, 1j, 1r, 2u. — 2^e *Aiguille.* 1j, 1r, 5u, 1j, 1r, 6u, 1j, 3alf, 1j, 3u, 1j, 3alf, 1j, 6u, 1r, 1j, 7u. — 3^e *Aiguille.* 1j, 1r, 1j, 1r, 1j, 1r 1j, 1r, 1j, 1r, 7u, 1j, 1u, 3alf, 1u, 1j, 7u, 1r, 1j, 4u, 1j, 1r, 2u. — 4^e *Aiguille.* 1j, 1r, 7u, 1j, 1r, 7u, 1j, 3alf, 1j, 7u, 1j, 9u. — 5^e *Aiguille.* 1j, 1r, 1j, 1r, 1j, 1r, 1j, 1r, 1j, 1r, 1j, 1r, 6u, rab 1m, 7u, 1r, 1j, 6u, 1j, 1r, 2u. — 6^e *Aiguille.* 1j, 1r, 9u, 1j, 1r, 12u, 1r, 1j, 11u. — 7^e *Aiguille.* 1j, 1r, 1j, 1r, 1j, 1r, 1j, 1r, 1j, 1r, 1j, 1r, 1j, 1r, 10u, 1r, 1j, 8u, 1j, 1r, 2u. — 8^e *Aiguille.* 1j, 1r, 11u, 1j, 1r, 8u, 1r, 1j, 13u. — 9^e *Aiguille.* 1j, 1r, 1j, 1r, 1j, 1r, 1j, 1r, 1j, 1r, 1j, 1r, 1j, 1r, 1j, 1r, 6u, 1r, 1j, 10u, 1j, 1r, 2u. — 10^e *Aiguille.* 1j, 1r, 13u, 1j, 1r, 4u, 1r, 1j, 15u. — 11^e *Aiguille.* 1j, 1r, 1j, 1r, 1r, 1j, 1r, 1j, 1r, 1j, 1r, 1j, 1r, 1j, 1r, 1j, 1r, 2u, 1r, 1j, 12u, 1j, 1r, 2u. — 12^e *Aiguille.* 1j, 1r, 15u, 1j, 1r, 1r, 1j, 17u. — 13^e *Aiguille.* 1j, 1r, 1j, 1r, 1j, 1r, 1j, 1r, 1j, 1r, 1j, 1r, 1j, 1r, 1j, 1r, 1j, 1r, 1j, 2u, 1j, 14u, 1j, 1r, 2u. — 14^e *Aiguille.* 1j, 1r, 3u, 1j, 1r, 1j, 1r, 1j, 1r, 1j, 1r, 1j, 1r, 2u, 1r, 1j, 2u, 1j, 1r, 1j, 1r, 1j, 1r, 1j, 1r, 1j, 1r, 1j, 1r, 1j, 1r, 1j, 1r, 1j, 1r, 1u. — 15^e *Aiguille.* 1j, 1r, 16u, 1j, 4u, 1j, 1r, 12u, 1j, 1r, 2u. — 16^e *Aiguille.* 1j, 1r, 13u, 1r, 1j, 6u, 1j, 3alf, 1j, 1r, 1j, 1r, 1j, 1r, 1j, 1r, 1j, 1r, 1j, 1r, 1u. — 17^e *Aiguille.* 1j, 1r, 14u, 1j, 8u, 1j, 1r, 10u, 1j, 1r, 2u. — 18^e *Aiguille.* 1j, 1r, 11u, 1r, 1j, 10u, 1j, 3alf, 1j, 1r, 1j, 1r, 1j, 1r, 1j, 1r, 1j, 1r, 1u. — 19^e *Aiguille.* 1j, 1r, 12u, 1j, 12u, 1j, 1r, 8u, 1j, 1r, 2u. — 20^e *Aiguille.* 1j, 1r, 9u, 1r, 1j, 14u, 1j, 3alf, 1j, 1r, 1j, 1r, 1j, 1r, 1j, 1r, 1j, 1r, 1u. — 21^e *Aiguille.* 1j, 1r, 10u, 1j, 6u, 1r, 1j, 1r, 6u, 1j, 1r, 6u, 1j, 1r, 2u. — 22^e *Aiguille.* 1j, 1r, 7u, 1r, 1j, 6u, 1r, 1j, 1u, 1j, 1r, 6u, 1j, 3alf, 1j, 1r, 1j, 1r, 1j, 1r, 1u. — 23^e *Aiguille.* 1j, 1r, 8u, 1j, 6u, 1r, 1j, 3u, 1j, 1r, 6u, 1j, 1r, 4u, 1j, 1r, 2u. — 24^e *Aiguille.* 1j, 1r, 5u, 1j, 1r, 6u, 1r, 1j, 1u, 3alf, 1u, 1j, 1r, 6u, 1j, 3alf, 1j, 1r, 1j, 1r, 1j, 1u. — 25^e *Aiguille.* 1j, 1r, 6u, 1j, 6u, 1j, 1r, 1u, 1j, 3alf, 1j, 1u, 1j, 1r, 6u, 1j, 1r, 1j, 1r, 2u. — 26e *Aiguille.* 1j, 1r, 3u, 1r, 1j, 6u, 1r, 1j, 3u, 1j, 1u, 1j, 3u, 1j, 1r, 6u, 1j, 3alf, 1j, 1r, 1j, 1r, 1u.

Fig. N° 18. — Dentelle pour Garniture d'Autel.

Monter 60 mailles. Pour faire cette garniture, il faut apprendre à faire la dentelle fig. 17 et les jours page 3 ; elle est plus jolie commencée par un jeté et un rétréci. Vous pouvez aussi faire les jours contenus dans

contenus dans ce livre; il faut que vous ayez 26 mailles avant d'ouvrir le losange pour faire les jours. Ce modèle est commencé par une petite dentelle fig. 10, des « *140 Modèles de Tricots* » le manuel et le cours élémentaire ; plus les jours seront variés, plus votre dentelle sera riche. Servez-vous du fil 108, aiguille n° 9.

Fig. N° 19. — **Dentelle pour Taie d'Oreiller** (fil n° 100, aig. n° 10.)

Monter 24 *mailles.* 1re *Aiguille.*
1j, 1r, 1u, 1j, 1r, 1j, 1r, 9u, 1r, 1j, 2u, 1j, 1r, 2u.

2e *Aiguille.* 1j, 1r, le reste uni.

3e *Aiguille.* 1j, 1r, 1u, 1j, 1r, 1j, 1r, 1j, 1u, 1j, 1r, 7u, 1r, 1j, 3u, 1j, 1r, 2u.

4e *Aiguille.* 1j, 1r, le reste uni.

5e *Aiguille.* 1j, 1r, 1u, 1j, 1r, 1j, 1r, 1j, 1r, 1j, 1r, 1j, 1r, 1j, 1r, 1j, 1r, 1j, rab. 1 maille, 1j, 1r, 6u, 1j, 1r, 2u.

14e *Aiguille.* 1j, 1r, 7u, 1r, 3u, 3alf, 1j, 1r, 1j, 1r, 1j, 1r, 1j, 1r, 1j, 1r, 1j, 1r, 2u.

15e *Aiguille.* 1j, 1r, 13u, 1j, 3u, 1j, 1r, 4u, 1j, 1r, 2u.

16e *Aiguille.* 1j, 1r, 12u, 3alf, 1j, 1r, 1j, 1r, 1j, 1r, 1j, 1r, 1j, 1r, 2u.

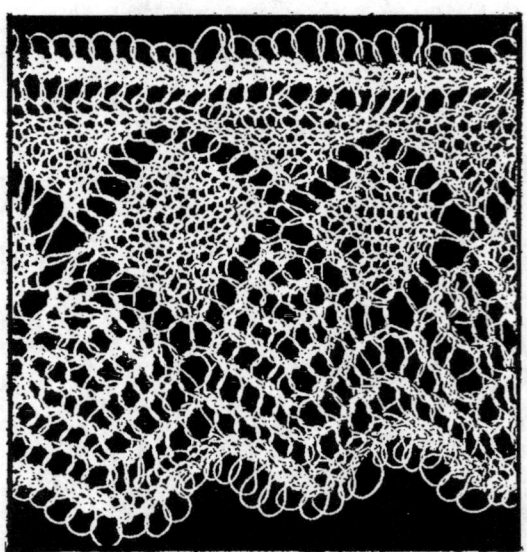

1j, 1r, 1j, 1u, 1j, 1r, 5u, 1r, 1j, 4u, 1j, 1r, 2u.

6e *Aiguille.* 1j, 1r, le reste uni.

7e *Aiguille.* 1j, 1r, 1u, 1j, 1r, 1j, 1r, 1j, 1r, 1j, 1r, 1j, 1u, 1j, 1r, 3u, 1r, 1j, 5u, 1j, 1r, 2u.

8e *Aiguille.* 1j, 1r, le reste uni.

9e *Aiguille.* 1j, 1r, 1u, 1j, 1r, 1j, 1r, 1j, 1r, 1j, 1r, 1j, 1r, 1j, 1u, 1j, 1r, 1u, 1r, 1j, 6u, 1j, 1r, 2u.

10e *Aiguille.* 1j, 1r, le reste uni.

11e *Aiguille.* 1j, 1r, 1u, 1j, 1r, 1j, 1r, 1j, 1r, 1j, 1r, 1j, 1r, 1j, 1r, 1j, 1r, 1j, 1u, 1j, 3alf, 1j, 7u, 1j, 1r, 2u.

12e *Aiguille.* 1j, 1r, le reste uni.

13e *Aiguille.* 1j, 1r, 1u, 1j, 1r, 1j,

17e *Aiguille.* 1j, 1r, 11u, 1j, 5u, 1j, 1r, 3u, 1j, 1r, 2u.

18e *Aiguille.* 1j, 1r, 13u, 3alf, 1j, 1r, 1j, 1r, 1j, 1r, 1j, 1r, 2u.

19e *Aiguille.* 1j, 1r, 9u, 1j, 7u, 1j, 1r, 2u, 1j, 1r, 2u.

20e *Aiguille.* 1j, 1r, 14u, 3alf, 1j, 1r, 1j, 1r, 1j, 1r, 2u.

21e *Aiguille.* 1j, 1r, 7u, 1j, 9u, 1j, 1r, 1u, 1j, 1r, 2u.

22e *Aiguille.* 1j, 1r, 15u, 3alf, 1j, 1r, 1j, 1r, 2u.

23e *Aiguille.* 1j, 1r, 5u, 1j, 11u, 1j, 2u, 1j, 1r, 2u.

24e *Aiguille.* 1j, 1r, 17u, 3alf, 1j, 1r, 2u.

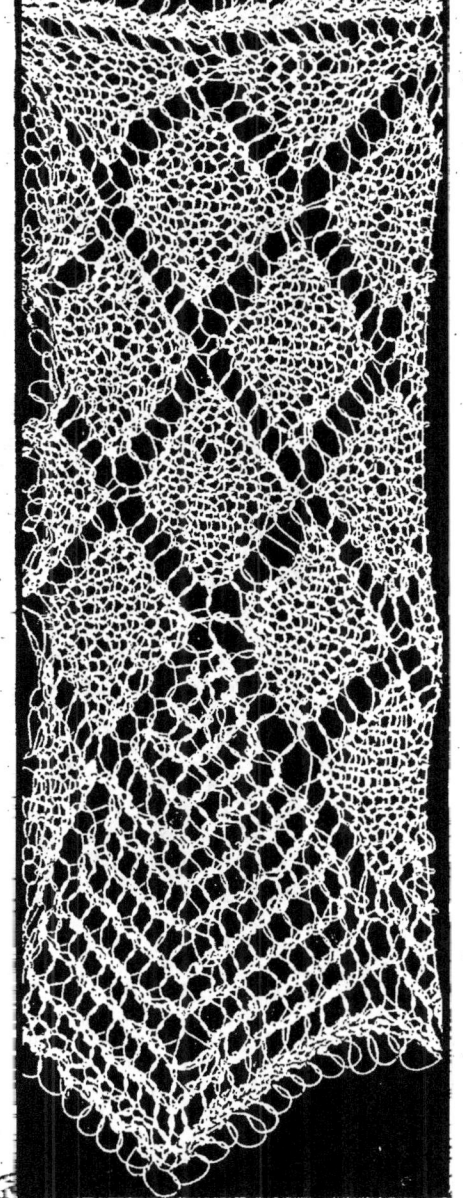

Fig. N° 20. — Dentelle pour Rideau de Lit d'Enfant allant avec le Semis fig. 3.

Monter 55 *mailles, fil* n° 100, *Aiguilles* n° 10. Vous pouvez dans les carrés faire du relief ou 1 jour. Alors vous faites le relief ou le jour dans le semis. Sur un transparent ce serait bien.

Cette dentelle a 15 centimètres de haut; elle se fait comme la précédente fig. 19. Je décris 6 aiguilles pour faciliter le montage.

1re *Aiguille*. 1j, 1r, 1u, 1j, 1r, 1j, 1r, 1j, 1r, 9u, 1r, 1j, 1u, 1j, 1r, 9u, 1r, 1j, 1u, 1j, 1r, 9u, 1r, 1j, 1r, 1u, 1j, 1r, 2u.

2e *Aiguille*. 1j, 1r, le reste uni.

3e *Aiguille*. 1j, 1r, 1u, 1j, 1r, 1j, 1r, 1j, 1u, 1r, 7u, 1r, 1j, 3u, 1j, 1r, 7u, 1r, 1j, 3u, 1j, 1r, 7u, 1r, 1j, 3u, 1j, 1r, 2u.

4e *Aiguille*. 1j, 1r, le reste uni.

5e *Aiguille*. 1j, 1r, 1u, 1j, 1r, 1j, 1r, 1j, 1r, 1j, 1u, 1j, 1r, 5u, 1r, 1j, 5u, 1j, 1r, 5u, 1r, 1j, 5u, 1j, 1r, 5u, 1r, 1j, 4u, 1j, 1r, 2u.

6e *Aiguille*. 1j, 1r, le reste uni.

Fig. N°. 21. — Dentelle imitation Cluny pour Taie d'Oreiller, Garniture de Chemise, Fichu de Laine.

Monter 33 mailles, fil 120. Aiguilles n° 7. 1ʳᵉ *Aiguille.* 1j, 1r, 1j, 1r, 1j, 1u, 1j, 1r, 1u, 1j, 1r, 3u, 1r, 1j, 1u, 1r, 1j, 3u, 1j, 1r, 5u, 1j, 1r, 3u. — 2ᵉ *Aiguille.* 1j, 1r, le reste uni. — 3ᵉ *Aiguille.* 1j, 1r, 1j, 1r, 1j, 1r, 1j, 1u, 1j, 1r, 1u, 1j, 1r, 1u, 1r, 1j, 1u, 1r, 1j, 5u, 1j,

— 10ᵉ *Aiguille.* 1j, 1r, 1ru. — 11ᵉ *Aiguille.* 1j, 1r, 1j, 1r, 1j, 1r, 1j, 1r, 1j, 1r, 1j, 1r, 1j, 1r, 1j, 1u, 1j, 3alf, 1j, 1u, 1r, 1j, 7u, 1j, 1r, 1u, 1j, 1r, 1j, 1r, 3u. — 12ᵉ *Aiguille.* 1j, 1r, 21u, 3alf, 1j, 1r, 1j, 1r, 1j, 1r, 1j, 1r, 1j, 1r, 1j, 1r, 1u. — 13ᵉ *Aiguille.* 1j, 1r, 12u, 1j, 3u, 1j, 1r,

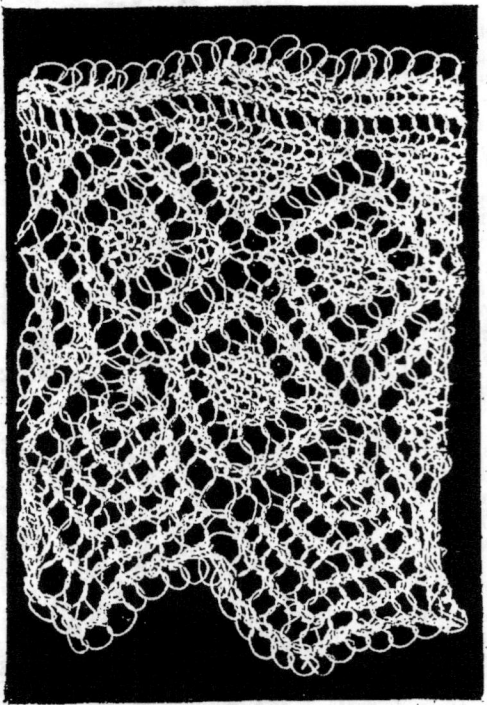

1r, 4u, 1j, 1r, 3u. — 4ᵉ *Aiguille.* 1j, 1r, 1ru. — 5ᵉ *Aiguille.* 1j, 1r, 1j, 1r, 1j, 1r, 1j, 1r, 1j, 1u, 1j, 1r, 1u, 1j, 3alf, 1j, 1u, 1r, 1j, 1u, 1r, 1j, 1u, 1j, 1r, 1u, 1j, 1r, 3u, 1j, 1r, 3u. — 6ᵉ *Aiguille.* 1j, 1r, 1ru. — 7ᵉ *Aiguille.* 1j, 1r, 1j, 1r, 1j, 1r, 1j, 1r, 1j, 1r, 1j, 1u, 1j, 1r, 3u, 1r, 1j, 1u, 1r, 1j, 3u, 1j, 1r, 1u, 1j, 1r, 2u, 1j, 1r, 3u. — 8ᵉ *Aiguille.* 1j, 1r, 1ru. — 9ᵉ *Aiguille.* 1j, 1r, 1j, 1r, 1j, 1r, 1j, 1r, 1j, 1r, 1j, 1r, 1j, 1u, 1j, 1r, 1u, 1r, 1j, 1u, 1r, 1j, 5u, 1j, 1r, 1u, 1j, 1r, 1u, 1j, 1r, 3u.

1u, 1j, 1r, 3u, 1r, 1j, 1u, 1r, 1j, 2u, 1j, 1r, 3u. — 14ᵉ *Aiguille.* 1j, 1r, 22u, 3alf, 1j, 1r, 1j, 1r, 1j, 1r, 1j, 1r, 1j, 1r, 1u. — 15ᵉ *Aiguille.* 1j, 1r, 10u, 1j, 5u, 1j, 1r, 1u, 1j, 1r, 1u, 1r, 1j, 1r, 1u, 1j, 3u, 1j, 1r, 3u. — 16ᵉ *Aiguille.* 1j, 1r, 23u, 3alf, 1j, 1r, 1j, 1r, 1j, 1r, 1j, 1r, 1u. — 17ᵉ *Aiguille.* 1j, 1r, 8u, 1j, 1u, 1r, 1j, 1r, 1r, 1u, 1j, 1r, 1u, 3alf, 1j, 1u, 1r, 1j, 4u, 1j, 1r, 3u. — 18ᵉ *Aiguille.* 1j, 1r, 24u, 3alf, 1j, 1r, 1j, 1r, 1j, 1r, 1u. — 19ᵉ *Aiguille.* 1j, 1r, 6u, 1j, 1u, 1r, 1j, 3u, 1j,

1r, 1u, 1j, 1r, 3u, 1r, 1j, 5u, 1j, 1r, 3u. — 20e *Aiguille*. 1j, 1r, 25u, 3alf, 1j, 1r, 1j, 1r, 1u. — 21e *Aiguille*. 1j, 1r, 4u, 1j, 1u, 1r, 1j, 5u, 1j, 1r, 1u, 1j, 1r, 1u, 1j, 6u, 1j, 1r, 3u. — 22e *Aiguille*. 1j, 1r, 26u, 3alf, 1j, 1r, 1u. — 23e *Aiguille*. 1j, 1r, 2u, 1j, 1u, 1r, 1j, 7u, 1j, 1r, 1u, 1j, 3alf, 1j, 7u, 1j, 1r, 3u. — 24e *Aiguille*. 1j, 1r, 28u, 1j, 1r, 1u.

Texte n° 2. — Dentelle imitation Cluny pour Pantalon, Garniture de Rideau, Berceau d'Enfant.

Prendre les motifs pour faire le semis du rideau; faite avec du relief sur les carrés ou un jour, elle est très belle, elle peut aussi servir de garniture à une nappe d'autel.

Monter 57 *mailles*, si on la veut plus haute, on peut y ajouter plusieurs rivières de jours dentelles ou de carrés en plus, fil n° 108, aiguilles n° 8. — 1re *Aiguille*. 1j, 1r, 1j, 1r, 1j, 1u, 1j, 1r, 1u, 1j, 1r, 3u, 1r, 1j, 1u, 1r, 1j, 3u, 1r, 1u, 1j, 1r, 3u, 1r, 1j, 1u, 1r, 1j, 3u, 1j, 1r, 1u, 1j, 1r, 3u, 1r, 1j, 1u, 1r, 1j, 2u, 1j, 1r, 3u. — 2e *Aiguille*. 1j, 1r, 1ru. — 3e *Aiguille*. 1j, 1r, 1j, 1r, 1j, 1r, 1j, 1u, 1j, 1r, 1u, 1j, 1r, 1u, 1r, 1j, 1u, 1r, 1j, 5u, 1j, 1r, 1u, 1j, 1r, 1u, 1r, 1j, 1r, 1j, 5u, 1j, 1r, 1u, 1j, 1r, 1u, 1r, 1j, 1u, 1r, 1j, 3u, 1j, 1r, 3u. — 4e *Aiguille*. 1j, 1r, 1ru. — 5e *Aiguille*. 1j, 1r, 1j, 1r, 1j, 1r, 1j, 1r, 1j, 1u, 1j, 1r, 1u, 1j, 3alf, 1j, 1u, 1r, 1j, 1u, 1r, 1j, 1u, 1j, 1r, 1u, 1j, 1r, 1j, 3alf, 1j, 1u, 1r, 1j, 1r, 1u, 1j, 3alf, 1j, 1u, 1r, 1j, 4u, 1j, 1r, 3u. — 6e *Aiguille*. 1j, 1r, 1ru. — 7e *Aiguille*. 1j, 1r, 1j, 1r, 1j, 1r, 1j, 1r, 1j, 1u, 1j, 1r, 3u, 1r, 1j, 1u, 1r, 1j, 3u, 1j, 1r, 1u, 1j, 1r, 3u, 1r, 1j, 1u, 1r, 1j, 1r, 3u, 1r, 1j, 5u, 1j, 1r, 3u. — 8e *Aiguille*. 1j, 1r, 1ru. — 9e *Aiguille*. 1j, 1r, 1j, 1r, 1j, 1r, 1j, 1r, 1j, 1r, 1j, 1r, 1j, 1u, 1j, 1r, 1u, 1r, 1j, 1u, 1r, 1j, 5u, 1j, 1r, 1u, 1j, 1r, 1u, 1r, 1j, 1u, 1r, 1j, 5u, 1j, 1r, 1u, 1j, 1r, 1u, 1r, 1j, 6u, 1j, 1r, 3u. — 10e *Aiguille*. 1j, 1r, 1ru. — 11e *Aiguille*. 1j, 1r, 1j, 1r, 1j, 1r, 1j, 1r, 1j, 1r, 1j, 1r, 1j, 1u, 1j, 3alf, 1j, 1u, 1r, 1j, 7u, 1j, 1r, 1u, 1j, 3alf, 1j, 7u, 1j, 1r, 3u. — 12e *Aiguille*. 1j, 1r, 45u, 3alf, 1j, 1r, 1j, 1r, 1j, 1r, 1j, 1r, 1j, 1r, 1j, 1r, 1u. — 13e *Aiguille*. 1j, 1r, 12u, 1j, 3u, 1j, 1r, 1u, 1j, 1r, 3u, 1r, 1j, 1u, 1r, 1j, 3u, 1j, 1r, 1u, 1j, 1r, 3u, 1r, 1j, 1u, 1r, 1j, 3u, 1j, 1r, 5u, 1j, 1r, 3u. — 14e *Aiguille*. 1j, 1r, 46u, 3alf, 1j, 1r, 1j, 1r, 1j, 1r, 1j, 1r, 1j, 1r, 1u. — 15e *Aiguille*. 1j, 1r, 10u, 1j, 5u, 1j, 1r, 1u, 1j, 1r, 1u, 1r, 1j, 1u, 1j, 1r, 1u, 1j, 1r, 1u, 1j, 1u, 1j, 5u, 1j, 1r, 4u, 1j, 1r, 3u. — 16e *Aiguille*. 1j, 1r, 47u, 3alf, 1j, 1r, 1j, 1r, 1j, 1r, 1j, 1r, 1u. — 17e *Aiguille*. 1j, 1r, 8u, 1j, 2u, 1r, 1j, 1u, 1j, 1r, 1u, 1j, 1r, 1u, 1j, 3alf, 1j, 1r, 1u, 1j, 1r, 1u, 1j, 1u, 1j, 1r, 1u, 1j, 1r, 1u, 1j, 3alf, 1j, 1u, 1r, 1j, 1u, 1r, 1j, 1u, 1j, 1r, 1u, 1j, 1r, 3u, 1j, 1r, 3u. — 18e *Aiguille*. 1j, 1r, 48u, 3alf, 1j, 1r, 1j, 1r, 1j, 1r, 1u. — 19e *Aiguille*. 1j, 1r, 6u, 1j, 1u, 1r, 1j, 3u, 1j, 1r, 1u, 1j, 1r, 3u, 1j, 1r, 1u, 1r, 1j, 3u, 1j, 1r, 1u, 1j, 3u, 1r, 1j, 1u, 1r, 1j, 3u, 1j, 1r, 1u, 1r, 1j, 1u, 1r, 1j, 2u, 1j, 1r, 3u. — 20e *Aiguille*. 1j, 1r, 49u, 3alf, 1j, 1r, 1j, 1r, 1u. — 21e *Aiguille*. 1j, 1r, 4u, 1j, 1u, 1r, 1j, 5u, 1j, 1r, 1u, 1j, 1r, 1u, 1r, 1j, 1u, 1r, 1j, 5u, 1j, 1u, 1j, 1r, 1u, 1r, 1j, 1u, 1r, 1j, 5u, 1j, 1r, 1u, 1j, 1r, 1u, 1j, 1r, 3u. — 22e *Aiguille*. 1j, 1r, 5ou, 3alf, 1j, 1r 1u. — 23e *Aiguille*. 1j, 1r, 2u, 1j, 1u, 1r, 1j, 7u, 1j, 1r, 1u, 1j, 3alf, 1j, 1u, 1r, 1j, 7u, 1j, 1r, 1u, 1j, 3alf, 1j, 1u, 1r, 1j, 7u, 1j, 1r, 1u, 1j, 1r, 1j, 1r, 3u. — 24e *Aiguille*. 1j, 1r, 1ru. Si vous vouliez la dent plus creuse, il vous faudrait la descendre jusqu'au 2e carré.

Fig. N° 22. — Dentelle pour Taie d'Oreiller, Partie du coin.

Monter 25 mailles, fil n° 108. Aiguilles n° 7. **1re Aiguille.** 1j, 1r, 1j, 1r, 1j, 1r, 1u, 1j, rab 1m, 1r, 1j, 1u, 1j, 1r, 1u, 1j, rab 1m, 1r, 1j, 2u, 1j, 1r, 2u. — **2e, 4e, 6e, 8e, 10e Aiguille.** 1j, 1r, 1ru. — **3e Aiguille.** 1j, 1r, 1j, 1r, 1j, 1u, 1j, 1j, 3alf, 1j, 8u, 1j, 1r, 2u. — **12e Aiguille.** 1j, 1r, 2u, 1r, 1j, 1r, 1j, 1r, 1j, 4u, 1r, 1j, 1r, 1j, 1r, 1j, 1r, 1j, 1r, 1j, 1r, 1j, 1r, 1u. C'est à la 13e aiguille que commence le coin de la taie d'oreiller mais il ne faut pas faire le jour

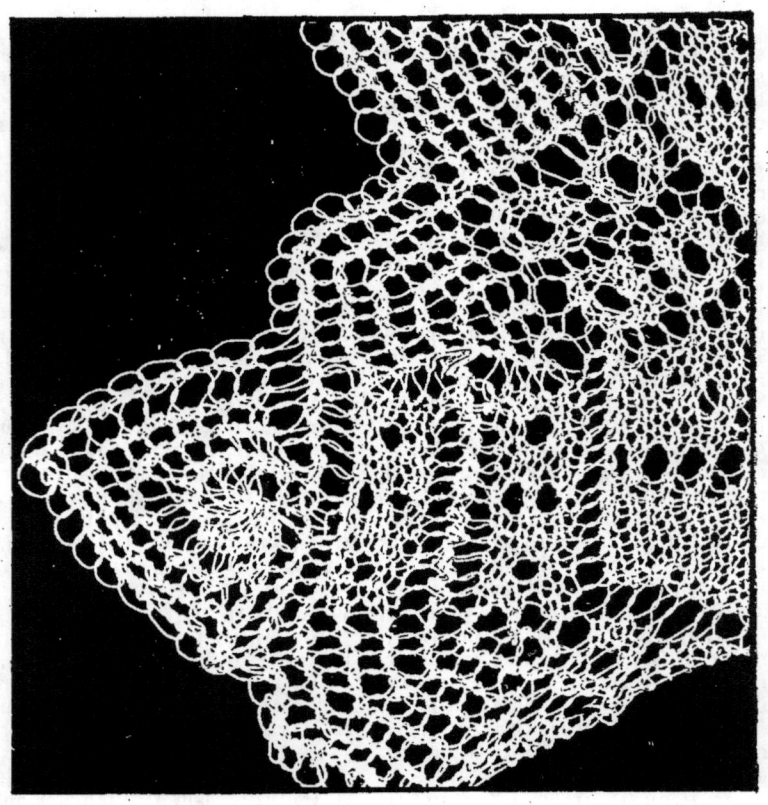

d'en bas. — **13e Aiguille.** 1j, 1r, 14u, 1j, 1u, 1j, 1r, 7u, 1j, 1r, 2u. — **14e Aiguille.** 1j, 1r, 13u, 3alf, 1j, 1r, 1j, 1r, 1j, 1r, 1j, 1r, 1j, 1r, 1j, 1r, 1u. — **15e Aiguille.** 1j, 1r, 12u, 1j, 3u, 1j, 1r, 6u, 1j, 1r, 2u. — **16e Aiguille.** 1j, 1r, 14u, 3alf, 1j, 1r, 1j, 1r, 1j, 1r, 1j, 1r, 1u. — **17e Aiguille.** 1j, 1r, 10u, 1j, 5u, 1j, 1r, 5u, 1j, 1r, 2u. — **18e Aiguille.** 1j, 1r, 15u, 3alf, 1j, 1r, 1j, 1r, 1j, 1r,

1r, 1u, 1r, 1j, 3u, 1j, 1r, 1u, 1r, 1j, 3u, 1j, 1r, 2u. — **5e Aiguille.** 1j, 1r, 1j, 1r, 1j, 1r, 1j, 1u, 1j, 3alf, 1j, 5u, 1j, 3alf, 1j, 4u, 1j, 1r, 2u. — **7e Aiguille.** 1j, 1r, 1j, 1r, 1j, 1r, 1j, 1r, 1j, 1u, 1j, 1u, 1j, 1r, 1u, 1j, rab 1m, 1r, 1j, 6u, 1j, 1r, 2u. — **9e Aiguille.** 1j, 1r, 1j, 1r, 1j, 1r, 1j, 1r, 1j, 1r, 1j, 1r, 1j, 1u, 1j, 1r, 1u, 1r, 1j, 7u, 1j, 1r, 2u. — **11e Aiguille.** 1j, 1r, 1j, 1r, 1j, 1r, 1j, 1r, 1j, 1r, 1j, 1r, 1j, 1u,

1u. — 19ᵉ *Aiguille.* 1j, 1r, 8u, 1j, 1r, 1u, 1j, rab 1m, 1r, 1j, 1r, 4u, 1j, 1r, 2u. — 20ᵉ *Aiguille.* 1j, 1r, 14u, 3alf, 1j, 1r, 1j, 1r, 1j, 1r, 1u. — 21ᵉ *Aiguille.* 1j, 1r, 6u, 1j, 1u, 1j, 1r, 1u, 1r, 1j, 1u, 1j, 1r, 3u, 1j, 1r, 2u. — 22ᵉ *Aiguille.* 1j, 1r, 15u, 3alf, 1j, 1r, 1j, 1r, 1u. — 23ᵉ *Aiguille.* 1j, 1r, 4u, 1j, 3u, 1j, 3alf, 1j, 3u, 1j, 1r, 2u, 1j, 1r, 2u. — 24ᵉ *Aiguille.* 1j, 1r, 16u, 3alf, 1j, 1r, 1u. — 25ᵉ *Aiguille.* 1j, 1r, 1j, 1r, 1j, 5u, 1j, 1u, 1j, 5 u, 1j, 1r, 1u, 1j, 1r, 2u. — 26ᵉ *Aiguille.* 1j, 1r, 1ru. Coin de la taie d'oreiller. Exécutez la dentelle fig. 52. Commencez le coin lorsque la 12ᵉ aiguille est tricotée. — 1ʳᵉ *Aiguille.* 1j, 1r, 13u, re l'ou, 2u, 1j, 1r, 1j, 1r, 1j, 1r, 1j, 1r, 1j, 1r, 1j, 1r, 1u. — 2ᵉ *Aiguille.* 1j, 1r, 11u, re l'ou, 2u, 1j, 1r, 1j, 1r, 1j, 1r, 1j, 1r, 1j, 1r, 1u. — 3ᵉ *Aiguille.* 1j, 1r, 9u, re l'ou. 2u, 1j, 1r, 1j, 1r, 1j, 1r, 1j, 1r, 1u. — 4ᵉ *Aiguille.* 1j, 1r, 7u, re l'ou, 2u, 1j, 1r, 1j, 1r, 1j, 1r, 1u. — 5ᵉ *Aiguille.* 1j, 1r, 5u, re l'ou, 2u, 1j, 1r, 1j, 1r, 1u. — 6ᵉ *Aiguille.* 1j, 1r, 3u, re l'ou, 2u, 1j, 1r, 1u. — 7ᵉ *Aiguille.* 1j, 1r, 1j, 1r, 4u, 1j, 1r, 1j, 5u, 1j, 1r, re l'ou, et tout unie. — 8ᵉ *Aiguille.* 1j, 1r, 1j, 1r, 4u, 1j, 3alf, 1j, 5u, 1j, 1r, 2u, re l'ou, et tout unie. — 9ᵉ *Aiguille.* 1j, 1r, 1j, 1r, 4u, 1j, 3alf, 1j, 5u, 1j, 1r, 3u, re l'ou, et tout unie. — 10ᵉ *Aiguille.* 1j, 1r, 1j, 1r, 4u, 1j, 3alf, 1j, 5u, 1j, 1r, 5u, re l'ou, et 9u, 1j, rab 1m, 6u, 1j, rab 1m, 4u. — 11ᵉ *Aiguille.* 1j, 1r, 1j, 1r, 4u, 1j, 3alf, 1j, 5u, 1j, 1r, 7u, re l'ou, et tout unie. — 12ᵉ *Aiguille.* 1j, 1r, 1j, 1r, 4u, 1j, 3alf, 1j, 5u, 1j, 1r, 9u, re l'ou, tout unie. — 13ᵉ *Aiguille.* 1j, 1r, 1j, 1r, 4u, 1j, 3alf, 1j, 5u, 1j, 1r, 11u, re l'ou tout unie. — 14ᵉ *Aiguille.* 1j, 1r, 1j, 1r, 1j, 1r, 1j, 1r, 1j, 1r, 1j, 1r, 1j, 1r, 1j, 1r, 1j, 1r, 1j, 1r, 1j, 1r, 1j, 1r, 1j, 1r, 1j, 1r, re l'ou, tout unie. — 15ᵉ *Aiguille.*

Relevez 9 bouclettes en tricotant, sur ces bouclettes, faire 1j, 1r, 1j, 1r, 1j, 1r, 1j, 1r, 1u, re l'ou, 1j, 1r et tout unie; faire 7 fois cette dernière aiguille, à la 8ᵉ 1j, 1r, 1j, 1r, 1j, 1r, 1j, 1r, 1u, re l'ou, 1j, 1r, 1j, 1r, 1j, 1r, 1j, 1r, 1u. — 9ᵉ *Aiguille.* 1j, 1r, le reste uni, re l'ou, 1j, 1r, 1j, 1r, 1j, 1r, 1j, 1r, 1u ; faire 7 fois la 9ᵉ aiguille ; relevez les 15 bouclettes sur l'aiguille gauche, passer la dernière maille de l'aiguille droite sur l'aiguille gauche et rabattre les 15 bouclettes sur la maille 1j, 1r, 1j, 1r, 4u, 1j, 3alf, 1j, 5u, 1j, 1r, 2u, re l'ou, 20u, 1r, re l'ou, 1u, 1j, 1r, 1j, 1r, 4u, 1j, 3alf, 1j, 5u, 1j, 1r, 4u, re l'ou, 22u, 1r, re l'ou, 1u, 1j, 1r, 1j, 1r, 4u, 1j, 3alf, 1j, 5u, 1j, 1r, 6u, re l'ou, 24u, 1r, re l'ou, 1u, 1j, 1r, 1j, 1r, 1u, 1j, rab 1m, 1u, 1j, 3alf, 1j, 2u, 1j, rab 1m, 1u, 1j, 1r, 8u, re l'ou, 26u, 1r, re l'ou, 1u, 1j, 1r, 1j, 1r, 1j, 1r, 3alf, 1j, 5u, 1j, 1r, 10u, re l'ou, 28u, 1r, re l'ou, 1u, 1j, 1r, 1j, 1r, 4u, 1j, 3alf, 1j, 5u, 1j, 1r, 1ru, re l'ou, 1j, 1r, 29u, 1r, re l'ou, 1u, 1j, 1r, 1j, 1r, re l'ou, 4u, 1r, re l'ou, 1u, 1j, 1r, 1j, 1r, 1j, 1r, re l'ou, 6u, 1r, re l'ou, 1j, 3alf, 1j, 1r, 1j, 1r, re l'ou, et tout unie, re l'ou, 1j, 1r, 1j, 1r, 1j, 1r, 1j, 1r, re l'ou, et tout unie re l'ou, 1j, 1r, 1j, 1r, 1j, 1r, 1j, 1r, 1j, 1r, 1j, 1r, re l'ou, et tout unie re l'ou, 1j, 1r, 1j, 1r, 1j, 1r, 1j, 1r, 1j, 1r, 1j, 1r, re l'ou, et tout unie re l'ou, 1j, 1r, 1j, 1r, 1j, 1r, 1j, 1r, 1j, 1r, 1j, 1r, 1j, 1r, 1j, 1r, 1j, 1r, re l'ou, 1u, 1j, 1r, 1j, 1r, 1j, 1r, 1j, 1r, 1j, 1r, 1j, 1r, 1j, 1r, 1u. Reprendre à la 13ᵉ aiguille de la dentelle. Lorsque l'on refera l'aiguille n° 1, s'il se trouvait plus de 2 mailles près de la rivière de jours, il faudrait faire des rétrécis de façon qu'il ne se retrouve que 2 mailles ; lorsque l'on retourne dans l'ouvrage, il ne faut pas tricoter la 1ʳᵉ maille mais serrer le fil.

Fig. N° 23. — Entre-deux pour Chemin de Table, Rideau, Jeté de Lit.

Monter 33 mailles. 1re *Aiguille.* 1j, 1r, 4u, 1j, 2u, 1r, 1j, 1r, 7u, 1r, 1j, 1r, 6u, 1j, 1r, 2u. — 2° *Aiguille.* 1j, 1r, 20u, 3e, 3u, 1j, 1r, 2u. — 3° *Aiguille.* 1j, 1r, 5u, 1j, 2u, 1r, 1j, 1r, 5u, 1r, 1j, 1u, 1j, 1r, 5u, 1j, 1r, 2u. — 4° *Aiguille.* 1j, 1r, 19u, 3e, 4u, 1j, 1r, 2u. — 5° *Aiguille.* 1j, 1r, 6u, 1j, 2u, 1r, 1j, 1r, 3u, 1j, 1r, 1j, 1r, 2u. — 13° *Aiguille.* 1j, 1r, 8u, 1r, 1j, 2u, 1r, 1j, 1r, 8u, 1r, 1j, 2u, 1j, 1r, 2u. — 14° *Aiguille.* 1j, 1r, 16u, 3e, 8u, 1j, 1r, 2u. — 15° *Aiguille.* 1j, 1r, 7u, 1r, 1j, 1u, 1j, 2u, 1r, 1j, 1r, 6u, 1r, 1j, 3u, 1j, 1r, 2u. — 16° *Aiguille.* 1j, 1r, 15u, 3e, 9u, 1j, 1r, 2u. — 17° *Aiguille.* 1j, 1r, 4u, 1j, 1r, 1r, 1j, 3u, 1j,

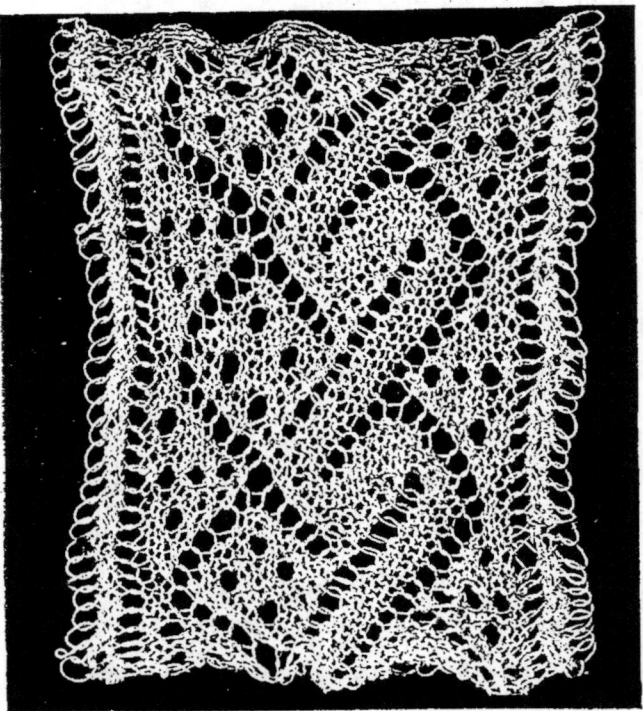

1r, 1j, 3u, 1j, 1r, 1r, 1j, 2u, 1j, 1r, 2u. — 6° *Aiguille.* 1j, 1r, 18u, 3e, 5u, 1j, 1r, 2u. — 7° *Aiguille.* 1j, 1r, 4u, 1j, 1r, 1u, 1j, 2u, 1r, 1j, 1r, 1u, 1r, 1j, 5u, 1j, 1r, 3u, 1j, 1r, 2u. — 8° *Aiguille.* 1j, 1r, 9u, 1j, rab 1m, 6u, 3e, 6u, 1j, 1r, 2u. — 9° *Aiguille.* 1j, 1r, 8u, 1j, 2u, 1r, 1j, 1r, 1u, 1j, 7u, 1j, 1r, 2u, 1j, 1r, 2u. — 10° *Aiguille.* 1j, 1r, 17u, 3e, 7u, 1j, 1r, 2u. — 11° *Aiguille.* 1j, 1r, 9u, 1j, 2u, 1r, 1j, 1r, 1j, 9u, 1j, 1r, 1u, 1j, 1r, 2u. — 12° *Aiguille.* 1j, 1r, 7u, 1j, rab 1m, 2u, 1j, rab 1m, 4u, 3e, 2u, 1j, 1r, 1j, 1r, 2u, 1r, 1j, 1r, 2u, 1j, rab 1m, 1r, 1j, 4u, 1j, 1r, 2u. — 18° *Aiguille.* 1j, 1r, 2u, 1r, 1j, 10u, 3e, 10u, 1j, 1r, 2u. — 19° *Aiguille.* 1j, 1r, 5u, 1r, 1j, 5u, 1j, 2u, 1r, 1j, 1r, 2u, 1r, 1j, 5u, 1j, 1r, 2u. — 20° *Aiguille.* 1j, 1r, 13u, 3e, 11u, 1j, 1r, 2u. — 21° *Aiguille.* 1j, 1r, 4u, 1r, 1j, 7u, 1j, 2u, 1r, 1j, 1r, 1r, 1j, 6u, 1j, 1r, 2u. — 22° *Aiguille.* 1j, 1r, 12u, 3e, 12u, 1j, 1r, 2u. — 23° *Aiguille.* 1j, 1r, 3u, 1r, 1j, 9u, 1j, 2u, 1r, 1r, 1j, 7u, 1j, 1r, 2u. — 24° *Aiguille.* 1j, 1r, 2u, 1r, 1j, 1r, 1j, 1r, 1j, 3u, 3e, 13u, 1j, 1r, 2u.

Fig. N° 24. — Entre-deux Branche de Feuilles.

Cet entre-deux peut s'élargir par des rivières de jours. On peut alterner un entre-deux d'étamine et un entre-deux de feuilles. Fil n° 108. Aiguilles n° 10. Cet entre-deux fait avec du fil n° 300 et des aiguilles n° 4, ferait de très belle lingerie. Cet entre-deux peut se faire tout à l'endroit.

Monter 29 *mailles.* 1re *Aiguille.*

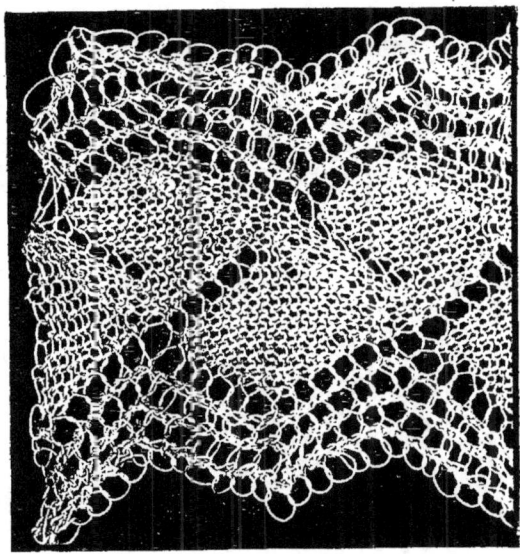

1j, 1r, 1r, 1j, 1r, 1j, 1r, 1j, 2u, 1r, 10u, 1r, 1j, 1r, 1j, 1r, 1j, 1r, 2u. — 2^e *Aiguille.* 1j, 1r, 5u, 15e, 7u. — 3^e *Aiguille.* 1j, 1r, 1u, 1j, 1r, 1j, 1r, 1j, 1u, 1j, 2u, 1r, 8u, 1r, 1j, 1r, 1j, 1r, 1j, 1r, 1u. — 4^e *Aiguille.* 1j, 1r, 5u, 15e, 7u. — 5^e *Aiguille.* 1j, 1r, 1u, 1j, 1r, 1j, 1r, 1j, 3u, 1j, 2u, 1r, 6u, 1r, 1j, 1r, 1j, 1r, 1j, 1r, 1u. — 6^e *Aiguille.* 1j, 1r, 5u, 15e, 7u. — 7^e *Aiguille.* 1j, 1r, 1u, 1j, 1r, 1j, 1r, 1j, 5u, 1j, 2u, 1r, 4u, 1r, 1j, 1r, 1j, 1r, 1j, 1r, 1u. — 8^e *Aiguille.* 1j, 1r, 5u, 15e, 7u. — 9^e *Aiguille.* 1j, 1r, 1u, 1j, 1r, 1j, 1r, 1j, 7u, 1j, 2u, 1r, 2u, 1r, 1j, 1r, 1j, 1r, 1j, 1r, 1u. — 10^e *Aiguille.* 1j, 1r, 5u, 15e, 7u. — 11^e *Aiguille.* 1j, 1r, 1u, 1j, 1r, 1j, 1r, 1j, 9u, 1j, 2u, 1r, 1j, 1r, 1j, 1r, 1j, 1r, 1u. — 12^e *Aiguille.* 1j, 1r, 5u, 15e, 7u. — 13^e *Aiguille.* 1j, 1r, 1u, 1j, 1r, 1j, 1r, 1j, 2u, 1r, 11u, 1j, 1r, 1j, 1r, 1j, 1r, 1u. — 14^e *Aiguille.* 1j, 1r, 5u, 15e, 7u. — 15^e *Aiguille.* 1j, 1r, 1r, 1j, 1r, 1j, 1r, 1j, 2u, 1r, 8u, 1r, 1j, 1u, 1j, 1r, 1j, 1r, 1j, 2u. — 16^e *Aiguille.* 1j, 1r, 4u, 15e, 8u. — 17^e *Aiguille.* 1j, 1r, 1r, 1j, 1r, 1j, 1r, 1j, 2u, 1r, 6u, 1r, 1j, 3u, 1j, 1r, 1j, 1r, 1j, 2u. — 18^e *Aiguille.* 1j, 1r, 4u, 15e, 8u. — 19^e *Aiguille.* 1j, 1r, 1r, 1j, 1r, 1j, 1r, 1j, 2u, 1r, 4u, 1r, 1j, 5u, 1j, 1r, 1j, 1r, 1j, 2u. — 20^e *Aiguille.* 1j, 1r, 4u, 15e, 8u. — 21^e *Aiguille.* 1j, 1r, 1r, 1j, 1r, 1j, 1r, 1j, 2u, 1r, 2u, 1r, 1j, 7u, 1j, 1r, 1j, 1r, 1j, 2u. — 22^e *Aiguille.* 1j, 1r, 4u, 15e, 8u. — 23e *Aiguille.* 1j, 1r, 1r, 1j, 1r, 1j, 1r, 1j, 2u, 1r, 1j, 9u, 1j, 1r, 1j, 1r, 1j, 2u. — 24e *Aiguille.* 1j, 1r, 4u, 15e, 8u. — 25e *Aiguille.* 1j, 1r, 1r, 1j, 1r, 1j, 1r, 1j, 15u, 1j, 1r, 1j, 1r, 1j, 2u. — 26e *Aiguille.* 1j, 1r, 5u, 15e, 8u.

Fig. N° 25. — Entre-deux pour Rideau, Jeté de Lit, Bas d'Aube, Store.

Peut se faire tout à l'endroit, cette figure peut se faire de deux manières à l'endroit, et elle ressemble moins à du tricot.

Monter 29 mailles. 1re *Aiguille*. 1j, 3u, 1r, 3u, 1r, 1j, 7u, 1j, 1r, 3u. — 10e *Aiguille*. 1j, 1r, 2u, 17e, 7u. — 11e *Aiguille*. 1j, 1r, 5u, 1j, 3u, 1r, 1u, 1r, 1j, 9u, 1j, 1r, 2u. — 12e *Aiguille*. 1j, 1r, 1u, 17e, 8u. — 13e *Aiguille*. 1j,

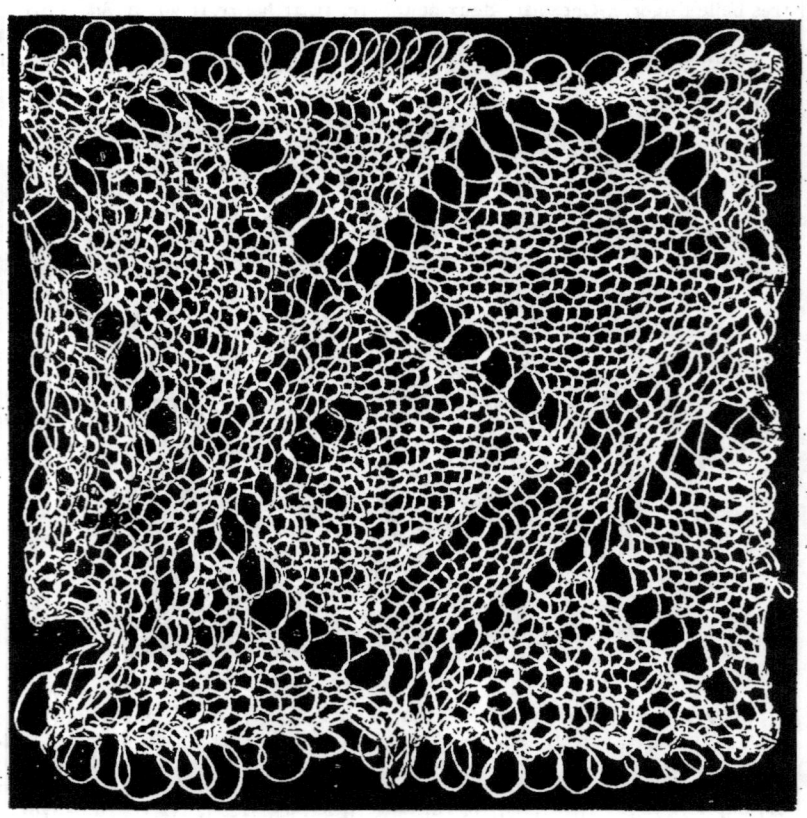

1j, 1r, 1j, 3u, 1r, 11u, 1r, 1j, 1r, 7u. — 2e *Aiguille*. 1j, 1r, 6u, 17e, 3u. — 3e *Aiguille*. 1j, 1r, 1u, 1j, 3u, 1r, 9u, 1r, 1j, 1u, 1j, 1r, 6u. — 4e *Aiguille*. 1j, 1r, 5u, 17e, 4u. — 5e *Aiguille*. 1j, 1r, 2u, 1j, 3u, 1r, 7u, 1r, 1j, 3u, 1j, 1r, 5u. — 6e *Aiguille*. 1j, 1r, 4u, 17e, 5u. — 7e *Aiguille*. 1j, 1r, 3u, 1j, 3u, 1r, 5u, 1r, 1j, 5u, 1j, 1r, 4u. — 8e *Aiguille*. 1j, 1r, 3u, 17e, 6u. — 9e *Aiguille*. 1j, 1r, 4u, 1r, 6u, 1j, 3u, 1r, 1u, 1j, 11u, 1j, 1r, 1u. — 14e *Aiguille*. 1j, 1r, 17e, 9u. — 15e *Aiguille*. 1j, 1r, 5u, 1r, 1j, 3u, 1r, 11u, 1r, 1j, 2u. — 16e *Aiguille*. 1j, 1r, 1u, 17e, 8u. — 17e *Aiguille*. 1j, 1r, 4u, 1r, 1j, 1u, 1j, 3u, 1r, 9u, 1r, 1j, 3u. — 18e *Aiguille*. 1j, 1r, 2u, 17e, 7u. — 19e *Aiguille*. 1j, 1r, 3u, 1r, 1j, 3u, 1j, 3u, 1r, 7u, 1r, 1j, 4u. — 20e *Aiguille*. 1j, 1r, 3u, 17e, 6u. — 21e *Aiguille*. 1j, 1r, 2u, 1r,

1j, 5u, 1j, 3u, 1r, 5u, 1r, 1j, 5u. — 22e *Aiguille*. 1j, 1r, 4u, 17e, 5u. — 23e *Aiguille*. 1j, 1r, 1u, 1r, 1j, 7u, 1j, 13u, 1r, 3u, 1r, 1j, 6u. — 24e *Aiguille* 1j, 1r, 5u, 17e, 4u. — 25e *Aiguille*. 1j, 1r, 1r, 1j, 9u, 1j, 3u, 1r, 1u, 1r, 1j, 7u. — 26e *Aiguille*. 1j, 1r, 6u, 17e, 3u. — 27e *Aiguille*. 1j, 1r, 1u, 1j, 11u, 1j, 3u, 1r, 1u, 1j, 8u. — 28e *Aiguille*. 1j, 1r, 7u, 18e, 1r, 1u.

Fig. N° 26. — Gerbe.

Monter un nombre de mailles divisible par 18. Ce travail est fait avec du fil n° 72 et des aiguilles n° 14. Il faut toujours commencer par la partie

font la demi-gerbe, ils se tricotent du côté de l'envers. — 2e *Aiguille* à l'endroit. — 3e *Aiguille* à l'envers. — 4e *Aiguille* à l'endroit, puis le dessin. Il

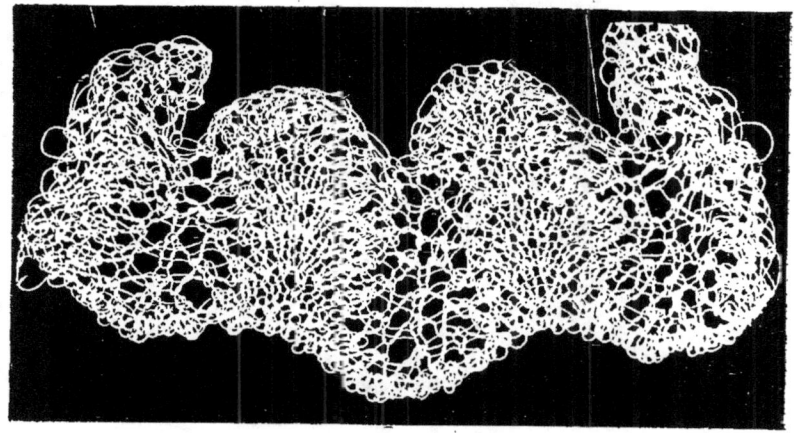

épaisse et n'en faire que la moitié, terminer votre ouvrage par l'autre moitié.

1re *Aiguille*. 1 maille à l'endroit pour la lisière qu'il faut tricoter, 1r, 1r, 1r, 1j, 1u, 1j, 1u, 1j, 1u, 1j, 1u, 1j, 1u, 1r, 1r, 1r, 1r, 1r, 1r et commencer au jeté; les 3 premiers rétrécis

faut monter cet ouvrage avec un fil et deux aiguilles et tricoter 3 aiguilles à l'endroit. Commencer le dessin; cet échantillon a 3 gerbes qui font 13 centimètres de large; cet ouvrage peut faire des rideaux, des brise-bises, garniture de nappe d'autel, aube.

Fig. N° 27. — Étoile.

Ces étoiles et ces dentelles peuvent se faire avec la grosseur de fil que l'on veut, mais plus le fil est fin plus le travail est joli ; mais surtout ne pas se servir de coton, mais de fil dentelle. 2j, 3u, 1j, rab 1m, 3u, 2j, 3u. — 6e *Aiguille*. 1j, 1r, le reste uni. — 7e *Aiguille*. 14u, 2j, 3u. — 8e *Aiguille*. 1j, 1r, le reste uni. — 9e *Aiguille*. fer 12m, et faites la 1re aiguille. Il faut 8 dents,

Monter 7 mailles. 1re *Aiguille*. 2u, 2j, 2u, 2j, 3u. — 2e *Aiguille*. 1j, 1r, le reste uni mais dans les 2 jetés tricoter 1u, 1e. Il est plus joli de tordre la maille qui borde la lisière des jours et faire de même à chaque aiguille. — 3e *Aiguille*. 1u, 1r, 2j, 5u, 2j, tordre la maille suivante 2u. — 4e *Aiguille*. 1j, 1r, le reste uni. — 5e *Aiguille*. 1u, 1r, fermez 12 mailles, prenez la maille sur le commencement de votre dentelle et 1 sur l'aiguille, tricotez-les ensemble ; faites de même, mais en passant la maille que vous avez tricotée la 1re sur la 2e jusqu'à la fin. Nouez les 2 fils, passez un fil dans les bouclettes et formez votre étoile, il ne faut ni trop serrer ni laisser trop lâche.

Fig. N° 28. — Dentelle allant à l'Étoile.

Montez pour l'entre-deux 13 mailles. 1re *Aiguille*. 1j, 1r, 2u, 1r, 1j, 1u, 1j, 1r, 4u. Les aiguilles paires 1j, 1r, le reste uni. — 3e *Aiguille*. 1j, 1r, 1u, 1r, 1j, 3u, 1j, 1r, 3u. — 5e *Aiguille*. 1j, 1r, 1r, 1j, 5u, 1j, 1r, 2u. — 7e *Aiguille*. 1j, 3alf, 1j, 3u, 1j, rab 1m, 2u, 1j, 1r, 1u. — 9e *Aiguille*. 1j, 1r, 1u, 1j, 1r, 3u, 1r, 1j, 3u. — 11e *Aiguille*. 1j, 1r, 2u, 1j, 1r, 1u, 1r, 1j, 4u. — 13e *Aiguille*. 1j, 1r, 3u, 1j, 3alf, 1j, 5u. — 12e *Aiguille* unie. Lorsque vous avez 16 bouclettes, tricotez dans 6 bouclettes 7 mailles et faites la dentelle qui est pareille à l'étoile.
1re *Aiguille*. 1j, 1r, 1u, 2j, 2u, 2j, 3u. — 2e *Aiguille*, les aiguilles paires, 1j, 1r, le reste uni ; faire dans les 2j, 1u, 1e. — 3e *Aiguille*. 1j, 1r, 1r, 2j, 5u, 2j,

3u. — 5ᵉ *Aiguille*. 1j, 1r, 1r, 2j, 3u, 1j, rab 1m, 3u, 2j, 3u. — 7ᵉ *Aiguille* 1j, 1r, 13u, 2j, 3u. — 9ᵉ *Aiguille*. 1j, 1r, fermez en prenant la 2ᵉ maille que vous avez sur l'aiguille droite, fermez 11 mailles et passez celle que vous avez sur votre aiguille droite sur l'aiguille gauche ; laissez le jeté du com-

7ᵉ *Aiguille*. unies. — 8ᵉ *Aiguille*, 1u, 1r, 1j, 1r, 1j, jusqu'à la fin. — 9ᵉ, 10ᵉ, 11ᵉ *Aiguilles*. unies. — 12ᵉ *Aiguille*. 1u, 1r, 1j, 1r, 1j, jusqu'à la fin. — 13ᵉ, 14ᵉ *Aiguilles*. unies. — 15ᵉ *Aiguille*. 2u, 1r, 1u, 1r, jusqu'à la fin. — 16ᵉ *Aiguille*. 1u, 1j, 1r, 1j, 1r, jusqu'à la fin. — 17ᵉ, 18ᵉ *Aiguilles*. unies. — 19ᵉ *Aiguille*.

mencement, faites l'aiguille nᵒ 1. Faites 7 dents ; lorsqu'elles sont fermées, tricotez en prenant les bouclettes ; faites 40 mailles sur les bouclettes et faites l'entre-deux ; lorsque vous y arrivez, vous ne tricotez plus le côté de la dentelle : vous faites une lisière en retournant votre ouvrage, 1ʳᵉ, 2ᵉ, 3ᵉ aiguille unies ; il faut faire le dessin de l'entredeux et ne pas compter pour une aiguille celle où l'on a relevé les bouclettes.

4ᵉ *Aiguille*. 2u, 1r, 1j, 1r, 1j, jusqu'à la fin ; terminez par 1u. — 5ᵉ, 6ᵉ,

2u, 1r, 1u, 1r, 1u, jusqu'à la fin. — 20ᵉ *Aiguille*. 1u, 1j, 1r, 1j, 1r, jusqu'à la fin. — 21ᵉ, 22ᵉ *Aiguilles*. unies. — 23ᵉ *Aiguille*. 2u, 1r, 1u ; faites 10 ret. dans l'aiguille et tricotez l'entre-deux seul et prenez 1 maille sur l'aiguille faisant rétréci re l'ou. jusqu'à la fin. Lorsque votre dent est terminée tricotez l'entre-deux aussi long que vous voulez qu'il y ait de distance entre les deux dents.

Vous pouvez remplacer cet entredeux par un autre si cela vous convient mieux.

DEUXIÈME PARTIE

DESSINS RÉUNIS OBJETS GARNIS DE DENTELLES AU TRICOT

IL est très utile, je dirai indispensable, dans les ouvrages qui renferment plusieurs dessins, d'apprendre d'abord la dentelle, les fleurs, les jours, avant d'entreprendre le travail. Je vous ai donné beaucoup de jours parce que dans un ouvrage où il s'en trouve, plus on les varie, plus l'ouvrage est riche et beau.

MANIÈRE D'AGRANDIR UNE DENTELLE

Une dentelle vous plaît, vous voudriez l'avoir plus haute ; si ce n'est pas de beaucoup, faites une rivière ou deux de jours. Si la dent de votre dentelle est formée par des pois ou des œillets, vous pouvez les faire par 7 mailles s'ils sont par 5, par 9 s'ils sont par 7. Vous pourriez aussi augmenter le nombre des œillets ; si la partie la plus haute de la dent est de 4 œillets, faites 5 ou 6, et augmentez le nombre de mailles dans les motifs ou le nombre des motifs qui sont dans la dentelle. De cette manière, vous faites votre travail aussi haut que vous le désirez.

PATRON

Pour vous rendre plus faciles les ouvrages tels que cols, empiècements pour robes, boléro, ou tout ouvrage qui n'est pas une dentelle, coupez un patron de la chose que vous voulez faire Commencez par faire le pointon qui commence les dentelles, 1 jet, 1 rétréci et vous ajouterez 1 maille. Vous le faites de la longueur de votre patron et vous montez votre travail sur la lisière (qu'il ne faut jamais tricoter) et vous commencez le dessin que vous voulez faire. Vous appliquez votre travail sur votre patron pour voir où il faut rélargir ou rétrécir, mais de chaque côté vous faites le pointon et c'est près de lui qu'il faut augmenter ou diminuer. Votre travail fini, il faut le terminer par le pointon en prenant 1 ou 2 mailles sur votre travail chaque fois que vous y revenez ; le nombre de mailles, c'est votre patron qui vous l'indiquera.

POUR LES COURBURES

Si le travail que vous faites est rond, il faut vous servir du point de Venise. Vous ne prenez qu'une branche qui se compose de 8 mailles ; vous fermez 6 mailles et vous faites 7 mailles dans la suivante : ceci vous fait un entre-deux que vous trouvez dans les cols. Vous tricotez 3 aiguilles de votre dentelle. Vous faites l'entre-deux points de Venise. Vous tricotez le dessin qui suit, tricotez cet entre-deux et vous retournez votre ouvrage, vous tricotez l'entre-deux et la dentelle, puis vous tricotez encore 3 aiguilles de la dentelle et vous tricotez votre point de Venise, l'entre-deux, et si vous avez un troisième dessin, vous tricotez un autre point de Venise et votre autre dessin que vous ne ferez qu'une fois pendant que vous faites 2 fois votre feuille de chêne et 3 fois la dentelle. C'est vous donner une idée pour travailler car c'est surtout votre patron qu'il faut consulter.

LES MAILLES EN PLUS OU EN MOINS

Il faut pas trop vous inquiéter, lorsque vous faites un travail très compliqué ou assez embrouillé par les jetés ; si vous avez 1 maille de trop, ou s'il vous en manque une, vous la supprimez ou vous l'augmentez. C'est un jeté que vous avez fait en trop ou un que vous avez laissé tomber. Certainement il vaut mieux avoir le nombre exact mais il faut se dire que toutes les feuilles n'ont pas toujours la même largeur. Du reste cela ne se voit souvent pas. Dans un petit dessin c'est différent. Mais lorsqu'on s'est trompé, il faut faire en sorte de réparer la faute et éviter de défaire.

LES MAILLES COULÉES

Il ne faut pas dans les dentelles laisser couler de mailles ; une maille se relève, mais plusieurs brouillent le dessin. Il faut bien veiller à ce qu'il ne vous échappe aucune maille ; lorsque vous laissez votre ouvrage, serrez les mailles les unes contres les autres, passez dans votre peloton de fil le bout de vos aiguilles ou bien encore dans un bouchon, autrement vous risquez, surtout si vous emportez votre ouvrage hors de chez vous, d'avoir une mauvaise surprise, c'est de trouver votre ouvrage défilé ; si cela vous arrivait, il faudrait reprendre vos mailles en détricotant maille par maille et bien faire attention aux jetés, les mailles du point de Venise ne se relèvent pas.

MANIÈRE DE FAIRE LES COINS DE MOUCHOIRS ET DE TAIES D'OREILLER

Pour les mouchoirs vous prenez ensemble les 2 dernières mailles de votre dentelle et vous retournez votre ouvrage sans tricoter la première maille ; vous faites de même chaque fois que vous arrivez à la fin, mais il faut faire le dessin de votre dentelle. Lorsqu'il ne vous reste que 2 mailles, vous faites 1j, 1u, et retournez votre ouvrage ; puis vous prenez chaque fois 1 maille sur celles que vous avez fermées et vous retournez votre ouvrage ; il faut faire attention à votre dessin.

COIN POUR EMPIÈCEMENT DE CHEMISE

Ce coin se fait comme le précédent mais se ferme par la dent de la dentelle et non par le pied.

Fig. N° 29. — Aube Dentelle Vieux Cluny (fil 144, aiguille n° 9).

Cette aube est faite avec le semis texte n° 3. Ce semis est le même que celui du béguin n° 31 ; les motifs ont 13 mailles et leur entourage 4 mailles. Les losanges ont 22 mailles ; dans ces losanges faire le jour tulle. (N° 1 des 140 modèles du manuel de tricot page 1.) Dans les carrés qui remplissent le vide des losanges, faire les jours qui sont dans ce livre. Plus les jours seront variés, plus le travail sera riche.

Montez 324 mailles, vous avez 75 centimètres de haut ; si voulez faire un travail plus haut, vous pouvez ajouter un quatrième losange et davantage de motifs. Pour faire ce travail il faut apprendre à faire les jours et la dentelle fig. 16 qui est pour pantalon ; ou la fig. du chemin de table fig. 15.

Je vais donner la description des trois premières aiguilles pour faciliter le montage du travail qui doit se faire avec 2 aiguilles et un seul fil.

1re *Aiguille*. 1j, 1r, 2u, 1j, 1r, 1j, 1r, 1j, 1r, 9u, 1j, 1r, 1u, 1j, 1r, 1j, 1r, 1j, 1r, 1j, 1r, 1j, 1r, 1r, 1u (ceci est le jour tulle), 1j, 9u, 1r, 1j, 1r, 9u, 1j, 1r, 1j, 1r, 1j, 1r, 1j, 1r, 1j, 1r, 1j, 1r, 1j,

1r, 1j, 1r, 1r, 1u (c'est encore le jour tulle), 1j, 9u, 1r, 1j, 1r, 9u, 1j, 1r, 1u, 1j, 1r, 1j, 1r, 1j, 1r, 1j, 1r, 1j, 1r, 1j, 1r, 1r, 1u (c'est encore le jour tulle), 1j, 9u, 1r, 1j, 1u, 1j, 1r, 2u, 1j, 1r, 9u, 1r, 1j, 2u, 1r, 1j, 1u, 1j, 1r, 2u, 1j, 1r, 9u, 1r, 1j, 2u, 1r, 1j, 1u, 1j, 1r, 2u, 1j, 1r, 9u, 1r, 1j, 2u, 1r, 1j, 1u, 1j, 1r, 2u, 1j, 1r, 9u, 1r, 1j, 2u, 1r, 1j, 1u, 1j, 1r, 2u, 1j, 1r, 9u, 1r, 1j, 2u, 1r, 1j, 1u, 1j, 1r, 2u, 1j, 1r, 9u, 1r, 1j, 2u, 1r, 1j, 1u, 1j,

3e *Aiguille.* 1j, 1r, 2u, 1j, 1r, 1j, 1r, 1j, 1r, 1j, 1r, 9u, 1j, 1r, 1j, 1r, 1j, 1r, 1j, 1r, 1j, 1r, 1j, 3alf, 1j, 9u, 1r, 1j, 3u, 1j, 1r, 9u, 1j, 1r, 1j, 1r, 1j, 1r, 1j, 1r, 1j, 1r, 1j, 3alf, 1j, 9u, 1r, 1j, 3u, 1j, 1r, 9u, 1j, 1r, 1u, 1j, 1r, 1j, 1r, 1j, 1r, 1j, 1r, 1j, 3alf, 1j, 9u, 1r, 1j, 5u, 1j, 1r, 2u, 1j, 1r, 5u, 1r, 1j, 2u, 1r, 1j, 5u, 1j, 1r, 2u, 1j, 1r, 5u, 1r, 1j, 2u, 1r, 1j, 5u, 1r, 2u, 1j, 1r, 5u, 1r, 1j, 2u, 1r, 1j, 5u, 1j, 1r, 2u, 1j, 1r, 5u, 1r, 1j, 2u, 1r, 1j, 5u, 1j, 1r, 2u, 1j, 1r, 5u, 1r, 1j, 2u,

1r, 2u, 1j, 1r, 9u, 1r, 1j, 2u, 1r, 1j, 1u, 1j, 1r, 2u, 1j, 1r, 14u.
2e *Aiguille.* 1j, 1r, 2u, 1j, 1r, 7u, 1r, 1j, 2u, 1r, 1j, 3u, 1j, 1r, 2u, 1j, 1r, 7u, 1r, 1j, 2u, 1r, 1j, 3u, 1j, 1r, 2u, 1j, 1r, 7u, 1r, 1j, 2u, 1r, 1j, 3u, 1j, 1r, 2u, 1j, 1r, 7u, 1r, 1j, 2u, 1r, 1j, 3u, 1j, 1r, 2u, 1j, 1r, 7u, 1r, 1j, 2u, 1r, 1j, 3u, 1j, 1r, 2u, 1j, 1r, 7u, 1r, 1j, 2u, 1r, 1j, 3u, 1j, 1r, 2u, 1j, 1r, 7u, 1r, 1j, 2u, 1r, 1j, 3u, 1j, 1r, 2u, 1j, 1r, 7u, 1r, 1j, 2u, 1r, 1j, 3u, 1j, 1r, 2u, 1j, 1r, 7u, 1r, 1j, 2u, 1r, 1j, 3u, 1j, 1r, 2u, 1j, 1r, 9u, 1j, 1r, 1u, 1j, 1r, 1j, 1r, 1j, 1r, 1j, 1r, 1j, 1r, 1r, 1u, 1j, 9u, 1r, 1j, 1u, 1j (ici commencent les grands jours), 1r, 9u, 1j, 1r, 1u, 1j, 1r, 1j, 1r, 1j, 1r, 1j, 1r, 1j, 1r, 1r, 1j, 9u, 1r, 1j, 1u, 1j (ici commence le 2e grand jour), 1r, 9u, 1j, 1r, 1u, 1j, 1r, 1j, 1r, 1j, 1r, 1j, 1r, 1j, 1r, 1u, 1j, 9u, 1r, 1j, 9u.

1r, 1j, 5u, 1j, 1r, 2u, 1j, 1r, 5u, 1r, 1j, 2u, 1r, 1j, 5u, 1j, 1r, 2u, 1j, 1r, 5u, 1r, 1j, 2u, 1r, 1j, 5u, 1j, 1r, 2u, 1j, 1r, 5u, 1r, 1j, 2u, 1r, 1j, 5u, 1j, 1r, 2u, 1j, 1r, 12u.

Ce travail ferait de beaux stores ou dessus de lit. Pour ces objets-là on pourrait employer du fil n° 100 et des aiguilles n° 13.

Revers de l'aube, montez 110 mailles. Les losanges de ce revers sont par 16 mailles, vous y faites les jours qui sont dans l'aube; les petits motifs sont par 9 mailles et leur entourage par 4 mailles.

1re *Aiguille.* 1j, 1r, 1u, 1j, 1r, 1j, 1r, 1j, 1r, 6u, 1j, 1r, 1u, 1j, 1r, 1j, 1r, 1j, 1r, 1j, 1r, 1j, 1u, 1r (ce jour est la figure n° 1 du manuel), 1j, 6u, 1r, 1j, 1r, 6u, 1j, 1r, 1j, 1r, 1j, 1r, 1j,

1r, 1j, 1r, 1u, 1r, 1j, 6u, 1r, 1j, 1u, 1j, 1r, 2u, 1j, 1r, 5u, 1r, 1j, 2u, 1r, 1j, 1u, 1j, 1r, 2u, 1j, 1r, 5u, 1r, 1j, 2u, 1r, 1j, 2u.

2e *Aiguille.* 1j, 1r, 2u, 1j, 1r, 3u, 1r, 1j, 3u, 1j, 1r, 2u, 1j, 1r, 3u, 1r, 1j, 2u, 1r, 1j, 3u, 1j, 1r, 6u, 1j, 1r, 1u, 1j, 1r, 1j, 1r, 1j, 1r, 1j, 1r 1j, 1r, 1r, 1j, 5u, 1r, 1j, 1u, 1j, 1r, 6u, 1j, 1r, 1u, 1r, 1j, 1r, 1j, 1r, 1j, 1r, 1j, 1u, 1r, 1j, 6u, 1r, 1j, 9u.

3e *Aiguille.* 1j, 1r, 1u, 1j, 1r, 1j, 1r, 1j, 1r, 1j, 1r, 6u, 1j, 1r, 1u, 1r, 1j, 1r, 1j, 1r, 1j, 1r, 1j, 1r, 1j, 6u, 1r, 1j, 3u, 1j (ici commence le grand carré de jour, faites celui que vous voudrez), 1r, 6u, 1j, 1r, 1u, 1j, 1r, 1j, 1r, 1j, 1r, 1j, 3alf, 1j, 6u, 1r, 1j, 5u, 1j, 1r, 2u, 1j, 1r, 1u, 1r, 1j, 2u, 1r, 1j, 5u, 1j, 1r, 2u, 1j, 1r, 1u, 1r, 1j, 2u.

Je vous donne ces trois aiguilles pour vous faciliter le montage de votre travail.

Fig. N° 30. — Aube facile à faire.

Ce travail est fait avec du fil n° 72 et des aiguilles n° 15. Revers, montez 156 mailles, faites la dentelle n° 42, mais les festons par 12 mailles. Vous montez votre ouvrage avec 1 fil et 2 aiguilles et faites 1re aiguille à l'endroit, 2e aiguille à l'endroit, 3e aiguille à l'endroit, 4e aiguille à l'endroit et ferme la dent ce qui fait 10 mailles. Continuez en ne faisant que des jours qui se font toujours à l'endroit, faites 20 aiguilles et fermez.

Entre-deux du revers (voir fig. 25) *Monter* 19 *mailles.*

1re *Aiguille.* 1j, 1r, 1j, 2u, 1r, 5u, 1r, 1j, 1r, 4u. — 2e *Aiguille.* 1j, 1r, 3u,

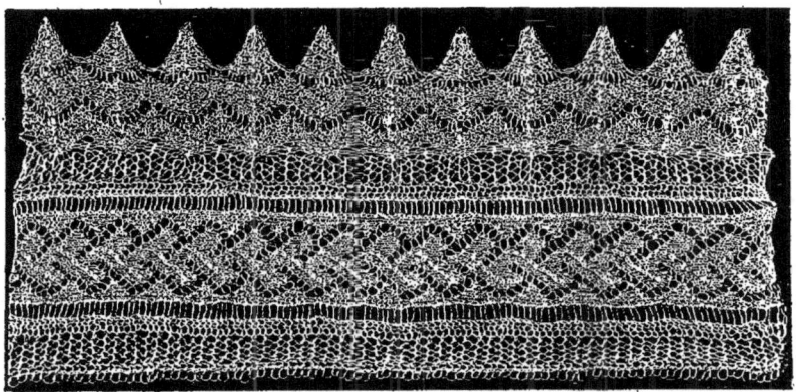

commencez votre dessin à l'endroit, l'aiguille suivante à l'envers, pour faire un côté à l'endroit et un envers ; ce travail est plus joli fait de cette manière à cause de l'entre-deux.

Faites 3 fois le dessin de la dentelle, à la quatrième fois faire des jours 1j, 1 r (c'est le jour tulle des *140 modèles de tricot* fig. n° 1 page 1), à la place de la dent, mais il faut, lorsque votre dent est fermée, que vous n'ayez que 9 mailles dans les jours et celle qui

10e, 3u. — 3e *Aiguille.* 1j, 1r, 1u, 1j, 2u, 1r, 3u, 1r, 1j, 1u, 1j, 1r, 3u. — 4e *Aiguille.* 1j, 1r, 2u, 10e, 4u. — 5e *Aiguille.* 1j, 1r, 2u, 1j, 2u, 1r, 1u, 1r, 1j, 3u, 1j, 1r, 2u. — 6e *Aiguille.* 1j, 1r, 1u, 10e, 5u. — 7e *Aiguille.* 1j 1r, 3u, 1j, 2u, 1r, 1u, 1j, 5u, 1j, 1r, 1u. — 8e *Aiguille.* 1j, 1r, 11e, 6u. — 9e *Aiguille.* 1j, 1r, 4u, 1j, 2u, 1r, 5u, 1r, 1j, 2u — 10e *Aiguille.* 1j, 1r, 1u, 10e, 6u. — 11e *Aiguille.* 1j, 1r, 2u, 1r, 1j, 1u, 1j, 2u, 1r, 3u, 1r, 1j, 3u. — 12e *Aiguille.* 1j, 1r, 2u, 10e, 5u.

— 13ᵉ *Aiguille*. 1j, 1r, 1u, 1j, 3u, 1j, 2u, 1r, 1u, 1r, 1j, 4u. — 14ᵉ *Aiguille*. 1j, 1r, 3u, 10e, 4u. — 15ᵉ *Aiguille*. 1j, 1r, 1r, 1j, 5u, 1j, 2u, 1r, 1u, 1j, 5u. — 16ᵉ *Aiguille*. 1j, 1r, 4u, 11e, 1r, 1u.

Faites 15 fois le dessin, fermez, tricotez 1 maille dans chaque pointon et faites à la 2ᵉ aiguille les jours, il faut faire 25 aiguilles; tricotez 1 aiguille à l'endroit, la 2ᵉ à l'endroit et en fermant faites un pointon ou une petite dentelle (par exemple la figure 14 des *140 modèles de tricot*). Vous pouvez en faire une autre, mais il faut tricoter plus souvent la dentelle afin qu'elle ait plus d'ampleur que le revers.

BAS DE L'AUBE

Montez 560 mailles (plus 2 pour les lisières qu'il ne faut jamais compter) pour faire 35 festons par 16 mailles, cela fera la moitié de la largeur. Si vous avez des aiguilles assez grandes, montez 1122 mailles..... Voir explication, texte dentelle 1 bis, page 11.

Faites votre travail de la même manière que le revers, mais 6 festons de hauteur; c'est au sixième feston qu'il faut commencer les jours; lorsque votre feston est terminé, il faut que vous ayez 13 mailles dans les jours, et celle du feston ce qui fait 14 mailles; les dents terminées, tricotez 50 aiguilles de jours et fermez.

Entre-deux : montez 29 mailles. Cet entre-deux est la fig. 25, c'est le même que celui du revers; il est plus haut; vous en faites la même longueur que la bande des festons. Relevez les pointons en tricotant 1 maille dans chaquet faites aussi haut de jours que vous voudrez.

Aujourd'hui les dentelles d'aube se font moins hautes qu'il y a quelques années, 0,75 à 0,80 centimètres de haut, il faut remarquer que de tout temps les belles dentelles ont été à peu près de cette hauteur; quant à la largeur, il faut près de 3 mètres.

Ce travail ferait de jolis stores, et les revers des brise-bise, mais il faudrait tenir compte que le travail des revers fait 0,40 centimètres de large.

Texte n° 3. — Semis fil simple (sans modèle).

(Ce semis est la copie d'un vieux Cluny), le petit béguin fig. 31 et le col fig. 32 sont faits avec ce semis.

Monter un nombre de mailles divisible par 23. Ce texte a 55 mailles et fait 11 centimètres, fils au Paon, n° 144, aiguilles n° 9.

1ʳᵉ *Aiguille*. 1j, 1r, 2u, 1j, 1r, 3u, 1j, 1r, 9u, 1r, 1j, 3u, 1r, 1j, 1u, 1j, 1r, 3u, 1j, 1r, 9u, 1r, 1j, 3u, 1r, 1j, 4u. — 2ᵉ *Aiguille*. 1j, 1r, 4u, 1j, 1r, 3u, 1j, 1r, 7u, 1r, 1j, 3u, 1r, 1j, 3u, 1j, 1r, 3u, 1j, 1r, 7u, 1r, 1j, 3u, 1r, 1j, 5u. — 3ᵉ *Aiguille*. 1j, 1r, 5u, 1j, 1r, 3u, 1j, 1r, 5u, 1r, 1j, 5u, 1r, 1j, 3u, 1j, 1r, 5u, 1r, 1j, 3u, 1r, 1j, 6u. — 4ᵉ *Aiguille*. 1j, 1r, 5u, 1j, 1r, 3u, 1j, 1r, 3u, 1r, 1j, 7u, 1j, 1r, 3u, 1j, 1r, 3u, 1r, 1j, 3u, 1r, 1j, 7u. — 5ᵉ *Aiguille*. 1j, 1r, 6u, 1j, 1r, 3u, 1j, 1r, 1u, 1r, 1j, 3u, 1r, 1j, 9u, 1j, 1r, 3u, 1j, 1r, 1j, 3u, 1r, 1j, 3u, 1r, 1j, 3u. — 6ᵉ *Aiguille*. 1j, 1r, 2u, 1r, 1j, 3u, 1r, 1j, 3u, 1r, 3u, 1j, 3alf, 1j, 3u, 1r, 1j, 3u, 1r, 1j, 1u, 1j, 1r, 3u, 1j, 1r, 3u, 1j, 3alf, 1j, 3u, 1r, 1j, 3u, 1r, 1j, 3u. — 7ᵉ *Aiguille*. 1j, 1r, 2u, 1j, 1r, 3u, 1j, 1r, 7u, 1r, 1j, 3u, 1r, 1j, 3u, 1j, 1r, 3u, 1j, 1r, 7u, 1r, 1j, 3u, 1r, 1j, 5u. — 8ᵉ *Aiguille*. 1j, 1r, 4u, 1j, 1r, 3u, 1j, 1r, 5u, 1r, 1j, 3u, 1r, 1j, 5u, 1j, 1r, 3u, 1j, 1r, 5u, 1r, 1j, 3u, 1r, 1j, 5u. — 9ᵉ *Aiguille*. 1j, 1r, 4u, 1j, 1r, 3u, 1j, 1r, 3u, 1j, 1r, 3u, 1r, 1j, 3u, 1r, 1j, 7u, 1j, 1r, 3u, 1j, 1r, 3u, 1r, 1j, 3u, 1r, 1j, 7u. — 10ᵉ *Aiguille*. 1j, 1r, 6u, 1j, 1r, 3u, 1j, 1r, 1u, 1r, 1j, 3u, 1r, 1j, 9u, 1j, 1r, 3u, 1j, 1r, 1u, 1r, 1j, 3u, 1r, 1j, 7u. — 11ᵉ *Aiguille*. 1j, 1r, 6u, 1j, 1r, 3u, 1j, 3alf, 1j, 3u, 1r, 1j, 11u, 1r, 1j, 3u, 1j, 3alf, 1j, 3u, 1r, 1j, 8u. — 12ᵉ *Aiguille*. 1j, 1r, 5u, 1j, 3u, 1r, 1j, 1u, 1j, 1r, 3u, 1j, 1r, 9u, 1r, 1j, 3u, 1r, 1j, 1u, 1j, 1r, 3u, 1j, 1r, 7u. — 13ᵉ *Aiguille*. 1j, 1r, 4u, 1j, 3u, 1r, 1j, 3u, 1j, 1r, 3u, 1j, 1r, 7u, 1r, 1j, 3u, 1r, 1j, 3u, 1j, 1r, 3u, 1j, 1r, 5u. — 14ᵉ *Aiguille*. 1j, 1r, 3u, 1r, 1j, 3u, 1r, 1j, 5u, 1j, 1r, 3u, 1j, 1r, 5u, 1r, 1j, 3u, 1r, 1j, 3u, 1r, 1j, 5u, 1r, 1j, 5u, 1j, 1r, 3u, 1j, 1r, 5u. — 15ᵉ *Aiguille*. 1j, 1r, 2u, 1r, 1j, 3u, 1r, 1j, 7u, 1j, 1r, 3u, 1j, 1r, 3u, 1r, 1j, 3u, 1r, 1j, 7u, 1j, 1r, 3u, 1j, 1r, 4u. — 16ᵉ *Aiguille*. 1j, 1r, 1u, 1r, 1j, 3u, 1r, 1j, 9u, 1j, 1r, 5u, 1j,

1r, 1u, 1r, 1j, 3u, 1r, 1j, 9u, 1j, 1r, 3u, 1j, 1r, 3u. — 17ᵉ *Aiguille*. 1j, 1r, 1r, 1j, 3u, 1r, 1j, 3u, 1r, 1j, 1u, 1r, 1j, 3u, 1r, 1j, 1r, 3u, 1j, 3alf, 1j, 3u, 1r, 1j, 3u, 1r, 1j, 1u, 1j, 1r, 3u, 1j, 1r, 3u, 1j, 1r, 2u. — 18ᵉ *Aiguille*. 1j, 1r, 4u, 1r, 1j, 3u, 1r, 1j, 3u, 1j, 1r, 3u, 1j, 1r, 7u, 1r, 1j, 3u, 1r, 1j, 3u, 1j, 1r, 3u, 1j, 1r, 6u. — 19ᵉ *Aiguille*. 1j, 1r, 3u, 1r, 1j, 3u, 1r, 1j, 5u, 1j, 1r, 3u, 1j, 1r, 5u, 1r, 1j, 3u, 1r, 1j,

5u, 1j, 1r, 3u, 1j, 1r, 5u. — 20ᵉ *Aiguille*. 1j, 1r, 2u, 1r, 1j, 3u, 1r, 1j, 7u, 1j, 1r, 3u, 1j, 1r, 3u, 1r, 1j, 3u, 1r, 1j, 7u, 1j, 1r, 3u, 1j, 1r, 4u. — 21ᵉ *Aiguille*. 1j, 1r, 1u, 1r, 1j, 3u, 1r, 1j, 9u, 1j, 1r, 3u, 1j, 1r, 1u, 1r, 1j, 3u, 1r, 1j, 9u, 1j, 1r, 3u, 1j, 1r, 3u. — 22ᵉ *Aiguille*. 1j, 1r, 1r, 1j, 3u, 1r, 1j, 11u, 1j, 1r, 3u, 1j, 3alf, 1j, 3u, 1r, 1j, 11u, 1j, 1r, 3u, 1j, 2u.

Fig. N° 31 — Béguin Poupette.

Fil n° 144, aiguille n°8, dentelle vieux Cluny fig. n° 33. Il faut faire 15 dents avoir que 11 mailles et les dents perdent 1 réseau; il vous faut 17 dents. Au der-

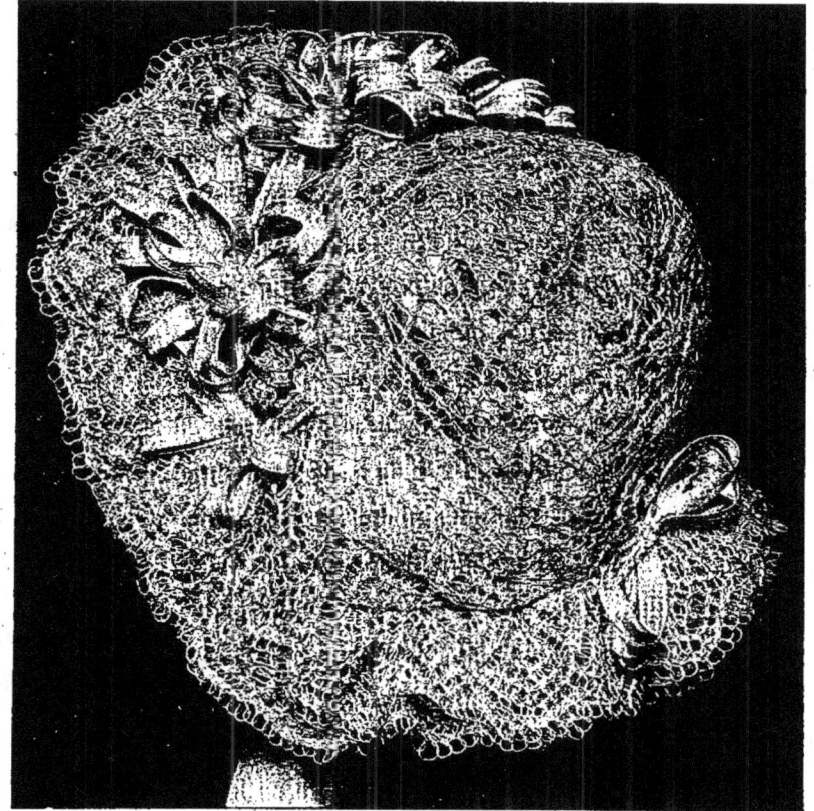

dont les motifs ont chacun 13 mailles et vous diminuez; les motifs ne doivent nier motif qui ne se fait qu'à moitié il faut faire 1 jeté de chaque côté du motif afin de pouvoir joindre les deux bouts de votre dentelle. Il vous faut 90 centimètres de dentelle.

Béguin

Coupez le fond du bonnet. J'ai choisi un vieux modèle de bonnet qui s'harmonise mieux avec la vieille dentelle. Faites une chaînette de 12 pointons. Relevez 12 mailles sur la lisière et les 3 que vous avez sur votre aiguille qui font 15 mailles. Il faut prendre la dernière maille dans le 1er pointon.
1re *Aiguille*. 1j, 1r, 1u, 1j, 2u, 1r, 1j, 1u, 1j, 1r, 2u, 1j, 3u. — 2e *Aiguille*. 1j, 1r, 1u, 1j, 2u, 1r, 1j, 3u, 1j, 1r, 2u, 1j, 3u. — 3e *Aiguille*. 1j, 1r, 1u, 1j, 2u, 1r, 1j, 5u, 1j, 1r, 2u, 1j, 3u. — 4e *Aiguille*. 1j, 1r, 1u, 1j, 2u, 1r, 1j, 7u, 1j, 1r, 2u, 1j, 3u. — 5e *Aiguille*. 1j, 1r, 1u, 1j, 2u, 1r, 1j, 9u, 1j, 1r, 2u, 1j, 3u. — 6e *Aiguille*. 1j, 1r, 1u, 1j, 2u, 1r, 1j, 2u, 1r, 1j, 1u, 1j, 1r, 2u, 1j, 1r, 2u, 1j, 3u. — 7e *Aiguille*. 1j, 1r, 1u, 1j, 2u, 1r, 1j, 2u, 1r, 1j, 3u, 1j, 1r, 2u, 1j, 1r, 2u, 1j, 3u. — 8e *Aiguille*. 1j, 1r, 1u, 1j, 2u, 1r, 1j, 2u, 1r, 1j, 5u, 1j, 1r, 2u, 1j, 1r, 2u, 1j, 3u. — 9e *Aiguille*. 1j, 1r, 1u, 1j, 2u, 1r, 1j, 2u, 1r, 1j, 7u, 1j, 1r, 2u, 1j, 1r, 2u, 1j, 3u. — 10e *Aiguille*. 1j, 1r, 1u, 1j, 2u, 1r, 1j, 2u, 1r, 1j, 9u, 1j, 1r, 2u, 1j, 1r, 2u, 1j, 3u. Fermez les motifs, car dans votre béguin ils n'ont que 11 mailles. Vous rélargissez sur les bords de votre fond avant et après 1j, 1r, 1u, jusqu'à ce que vous ayez 45 mailles; faites quelques aiguilles et diminuez suivant la largeur de votre patron, il ne doit rester en bas que 29 mailles. Passez 1 fil dans ces mailles pour les reprendre lorsque vous ferez le tour de votre béguin. Vous devez avoir 3 motifs entiers, le 4e n'est pas tout à fait fermé. Relevez autour de votre fond dans le pointon 120 mailles, et faites le dessin.
1re *Aiguille*. 2u, 1j, 1r, 2u, 1j, 1r, 7u, 1r, 1j, 2u, 1r, 1j, 1u, recommencez à 1 jeté, faites 4 motifs de haut ; ajoutez à vos 120 mailles 7 mailles. Pour fermer votre béguin, faites 1j, 1r, 1r, 2j, 1r, et la dernière maille vous la prenez avec la 1re du béguin. Vous retournez l'ouvrage et uni. La 2e fois vous prenez sur le béguin 2 m. Aux oreilles, il faut prendre 20 m. simples Il faut doubler ce petit béguin de soie.

Fig. 32. — Col.

Grand col, pans carrés semis vieux Cluny. Coupez un patron à la grandeur qui vous est nécessaire et travaillez sur ce patron. Je vous donne la forme du mien, commencez à la pointe A par 4 pointons, vous tricotez sur la lisière 1j,1r,1j, 1u,1j,2u, la deuxième aiguille 1j,1r,1u,1j,1u,1j,3u. Vous augmentez toutes les aiguilles de deux mailles c'est le jeté du milieu qui commence votre dessin ; lorsque l'autre pointe est terminée, vous faites une chaînette de pointons du côté du pan de votre col lettre B. et vous travaillez sur cette chaînette, vous arrivez à la pointe du cou lettre C. Vous retournez votre ouvrage sans faire le pointon et vous laissez chaque fois 1 maille que vous ne tricotez plus jusqu'à ce que vous soyez à la fin de la pointe ; vous fermez cette pointe avec le pointon du devant du col jusqu'à la fin de ce que vous avez tricoté. Lorsque cette pointe est faite, commencez la deuxième pointe du cou lettre D qu'il faut faire exactement comme la pointe C. Vous commencez cette pointe comme la première lettre A et vous gardez sur une aiguille cette deuxième pointe que vous joindrez à votre travail lorsque vous y arriverez et vous terminerez votre col par la pointe E; appliquez votre travail sur votre patron afin de voir où il faut augmenter et où il faut diminuer.

Ce travail fini, qui n'est pas si difficile qu'on pourrait le croire, vous faites la dentelle qui suit et vous la réunissez par les pointons. Il faut faire 1 coin à votre dentelle pour que votre col soit plat dans cette partie, et vous soutenez votre dentelle près de l'épaule puis dans le rond du dos afin qu'elle ne tire pas et qu'elle ne gode pas.

Prenez le semis vieux Cluny fil. 144 et aiguille n° 8. Je vous donne une dentelle comme modèle; qui diffère un peu du texte que j'écris; cela vous fera donc deux modèles; vous pourrez vous servir de celui que vous voudrez, la dentelle du texte est plus claire et moins haute. Vous vous servirez du même fil et des mêmes aiguilles. Ce col est très riche et imite très bien une vieille dentelle.

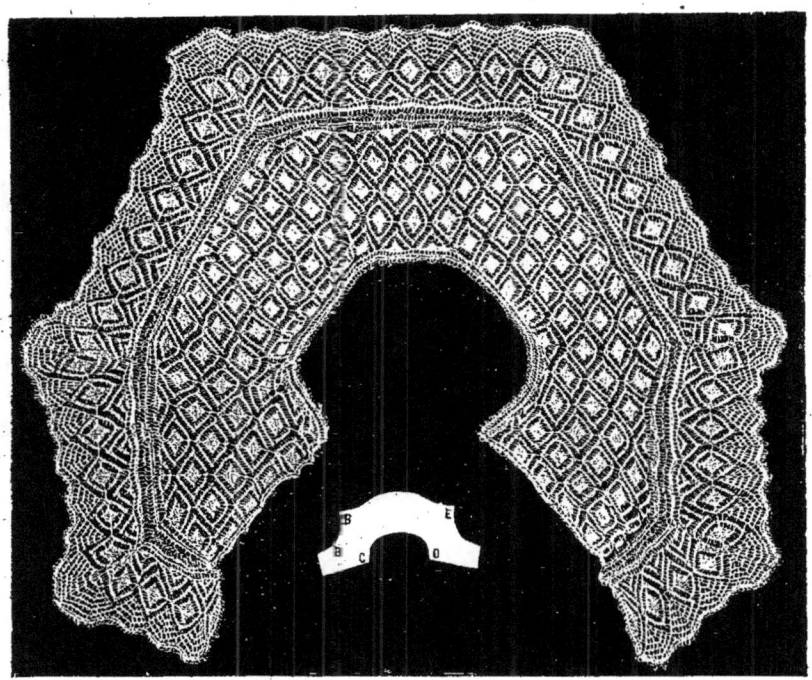

Fig. N° 33. — Dentelle du Col.

Monter 32 mailles.

1re *Aiguille*. 1j, 1r, 1u, 1j, 1r, 1j, 1r, 2u, 1j, 1r, 9u, 1r, 1j, 2u, 1r, 1j, 1r, 1u (tordre la suivante toujours), 2u. — 2e *Aiguille*. 1j, 1r, 1u, 1j, 1r, 1u, 1j, 1r, 2u, 1j, 1r, 7u, 1r, 1j, 2u, 1r, 1j, 3u (tordre la suivante toujours), 2u. — 3e *Aiguille*. 1j, 1r, 1u, 1j, 1r, 1j, 1r, 1j, 1r, 2u, 1j, 1r, 5u, 1r, 1j, 2u, 1r, 1j, 1ru. — 4e *Aiguille*. 1j, 1r, 1u, 1j, 1r, 3u, 1j, 1r, 2u, 1j, 1r, 3u, 1r, 1j, 2u, 1r, 1ru. — 5e *Aiguille*. 1j, 1r, 1u, 1j, 1r, 1j, 1r, 1j, 1r, 1j, 1r, 2u, 1j, 1r, 1r, 1j, 1r, 1j, 2u, 1j, 1ru. — 6e *Aiguille*. 1j, 1r, 1u, 1j, 1r, 1u, 1j, 1r, 2u, 1j, 1r, 2u, 1j, 3alf, 1j, 2u, 1r, 1j, 1ru. — 7e *Aiguille*. 1j, 1r, 1u, 1j, 1r, 1j, 1r, 1j, 1r, 1j, 1r, 1j, 1r, 1j, 1r, 5u, 1r, 1j, 2u, 1r, 1j, 1ru. — 8e *Aiguille*. 1j, 1r, 1u, 1j, 1r, 3u, 1j, 1r, 2u, 1j, 1r, 3u, 1r, 1j, 1ru. — 9e *Aiguille*. 1j, 1r, 1u, 1j, 1r, 1j, 1r, 1j, 1r, 1j, 1r, 1j, 1r, 1u, 1j, 1r, 2u, 1r, 1j, 2u, 1r, 1j, 5u. — 10e *Aiguille*. 1j, 1r, 1u, 1j, 1r, 1u, 1j, 2u, 1j, 1r, 2u, 1j, 3alf, 1j, 1ru. — 11e *Aiguille*. 1j, 1r, 1u, 1j, 1r, 1j, 1r, 1j, 1r, 1j, 1r, 1j, 1r, 1j, 1r, 1j, 1u, 1j, 1r, 2u, 1j, 1r, 2u, 1j, 1r, 1ru. — 12e *Aiguille*. 1j, 1r, 1u, 1j, 3u, 1r, 1j, 2u, 1r, 1j, 3u, 1j, 3alf, 1j, 1r, 1j, 1r, 1j, 1r, 1j, 1r, 2u. — 13e *Aiguille*. 1j, 1r, 1u,

1j, 5u, 1j, 1r, 2u, 1j, 1r, 1ru. — 14ᵉ *Aiguille*. 1j, 1r, 1u, 1j, 1r, 1u, 1r, 1j, 2u, 1r, 1j, 7u, 1j, 3alf, 1j, 1r, 1j, 1r, 1j, 1r, 1j, 1r, 2u. — 15ᵉ *Aiguille*. 1j, 1r, 9u, 1j, 2u, 1r, 1j, 1u, 1j, 1r, 2u, 1j, 2u, 1j, 1r, 1ru. — 16ᵉ *Aiguille*. 1j, 1r, 1u, 1j, 3alf, 1j, 2u, 1r, 1j, 2u, 1r, 1j, 3u, 1j, 1r, 2u, 1j, 3alf, 1j, 1r, 1j, 1r, 1j, 1r, 2u. — 17ᵉ *Aiguille*. 1j, 1r, 7u, 1j, 2u, 1r, 1j, 5u, 1j, 1r, 2u, 1j, 1r, 1ru. — 18ᵉ *Aiguille*. 1j, 1r, 1u, 1j, 1r, 1u, 1r, 1j, 2u, 1r, 1j, 7u, 1j, 1r, 2u, 1j, 3alf, 1j, 1r, 1j, 1r, 2u. — 19ᵉ *Aiguille*. 1j, 1r, 5u, 1j, 2u, 1r, 1j, 9u, 1j, 1r, 2u, 1j, 1r, 1ru. — 20ᵉ *Aiguille*. 1j, 1r, 1u, 1j, 1r, 1u, 1j, 2u, 1r, 1j, 11u, 1j, 1r, 2u, 1j, 3alf, 1j, 1r, 2u.

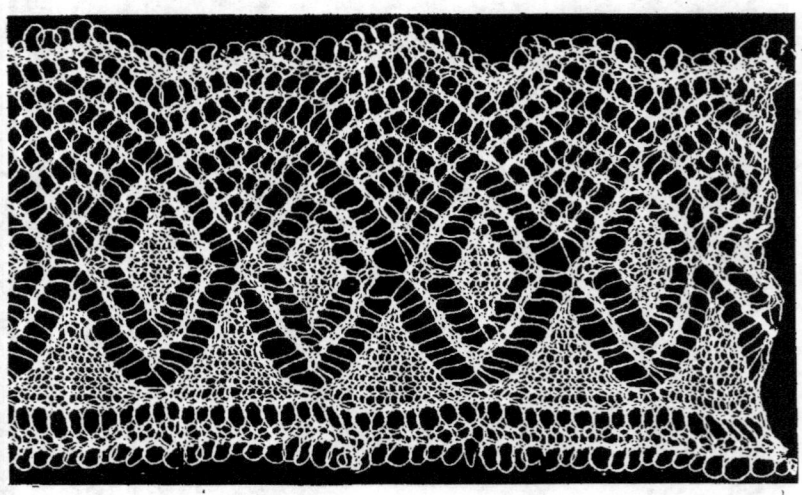

Fig. N° 34. — Pale, fil 300, aig. n° 3.

Faites une chaînette pointons (Voir *140 modèles de tricot*, fig. 8, page 2), faites le fond de ce travail avec le jour fig. n° 2.

Lorsque vous aurez 67 pointons relevez 67 mailles et les 3 du pointon font 70 mailles; laissez des mailles pour faire des jours en bas et en haut comme vous le marque le dessin, car je n'écris que le sujet pour ne pas embrouiller; surtout si vous devez vous servir de fil plus gros, le nombre de mailles serait trop grand. Une pale doit avoir, y compris la dentelle de 15 à 18 centimètres.

1ʳᵉ *Aiguille*. 1j, 1r, toute l'aiguille. — 2ᵉ *Aiguille*. unie. — 3ᵉ *Aiguille*. 1j, 1r. — 4ᵉ *Aiguille*. unie et commencez le dessin. — 5ᵉ *Aiguille*. 1j, 1r, 1j, 1r, 1j, 1r, 1j, 1r, 1j, 8u, 1j, 1r, jusqu'à la fin. — 6ᵉ *Aiguille*. toutes les aiguilles paires sont unies. — 7ᵉ *Aiguille*. 1j, 1r, 1j, 1r, 1j, 1r, 1j, 1r, 1j, 1r, 11u, 1j, 1r, jusqu'à la fin. — 9ᵉ *Aiguille*. 1j, 1r, 1j, 1r, 1j, 1r, 1j, 1r, 1j, 1r, 14u, 1j, 1r, 1j, 1r, jalf. — 11ᵉ *Aiguille*. 1j, 1r, 1j, 1r, 1j, 1r, 1j, 1r, 1j, 1r, 18u, 1j, 1r, jalf. — 13ᵉ *Aiguille*. 1j, 1r, 2u, 1j, 1r, 1j, 1r, 1j, 1r, 16u, 1j, 1r, jalf. — 15ᵉ *Aiguille*. 1j, 1r, 2u, 1j, 1r, 1j, 1r, 1j, 1r, 1j, 16u, 1j, 1r, jalf. — 17ᵉ *Aiguille*. 1j, 1r, 2u, 1j, 1r, 1j, 1r, 1j, 1r, 1j, 1r, 1j, 15u, 1j, 1r, jalf. — 19ᵉ *Aiguille*. 1j, 1r, 1j, 1r, 1u, 1j, 1r, 1j, 1r, 1j, 1r, 1j, 1r, 1j, 1r, 5u, 1j, 1r, 5u, 1j, 1r, jalf. — 21ᵉ *Aiguille*. 1j, 1r, 1j, 1r, 1u, 1r, 1j, 1r, 1j, 6u, 1j, 1r, 1j, 1r, 1j, 1r, 2u, 1j, 1r, 5u, 1j, 1r, jalf. —

23e *Aiguille.* 1j, 1r, 1j, 1r, 4u, 1j, 1r, 2u, 1j, 1r, 4u, 1j, 1r, 2u, 1r, 1j, 1u, 1j, 1r, 4u, 1j, 1r, 2u, 1j, 1r, jalf. — 25e *Aiguille.* 1j, 1r, 1j, 1r, 7u, 1j, 1r, 3u, 1j, 1r, 5u, 1j, 1r, 2u, 1j, 1r, 5u, 1j, 1r, jalf. — 27e *Aiguille.* 1j, 1r, 1j, 1r, 7u, 1j, 1r, 3u, 1j, 1r, 5u, 1j, 1r, 2u, 1j, 1r, 6u, 1j, 1r, jalf. — 29e *Aiguille.* 1j, 1r, 1j, 1r, 1r, jalf. — 41e *Aiguille.* 1j, 1r, 1j, 1r, 3u, 1j, 1r, 5u, 1j, 1r, 1j, 1r, 1j, 1r, 5u, 1j, 1r, 5u, 1j, 1r, jalf. — 43e *Aiguille.* 1j, 1r, 1j, 1r, 10u, 1j, 1r, 1j, 1r, 5u, 1j, 1r, 2u, 1j, 1r, 5u, 1j, 1r, jalf. — 45e *Aiguille.* 1j, 1r, 1j, 1r, 10u, 1j, 1r, 1j, 1r, 1j, 1r, 5u, 1j, 1r, 3u, 1j, 1r, 6u, 1j, 1r, jalf. — 47e *Aiguille.* 1j, 1r, 1r,

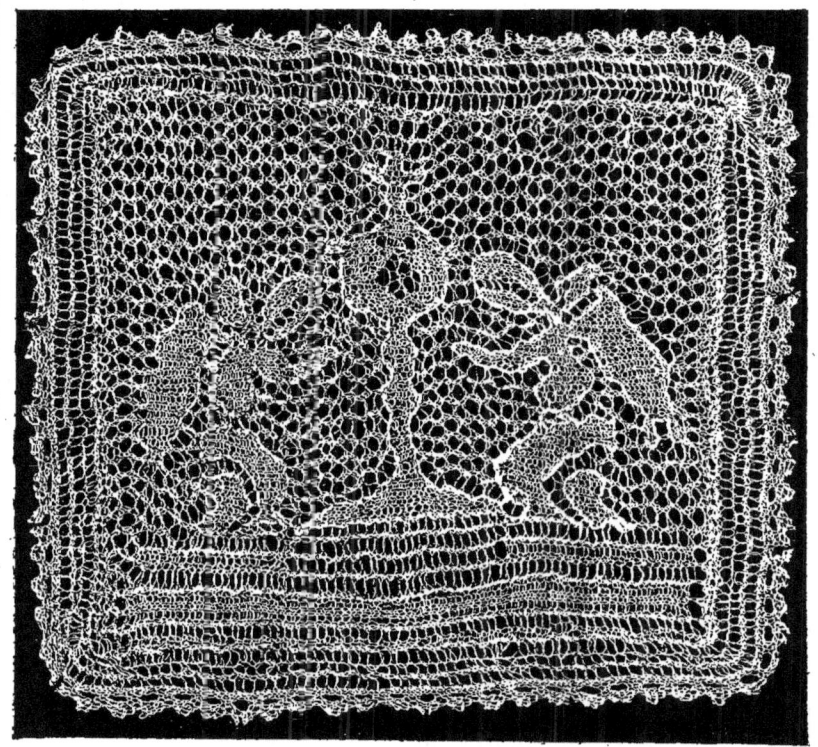

6u, 1j, 1r, 4u, 1j, 1r, 9u, 1j, 1r, 7u, 1j, 1r, jalf. — 31e *Aiguille.* 1j, 1r, 1j, 1r, 6u, 1j, 1r, 4u, 1j, 1r, 9u, 1j, 1r, 7u, 1j, 1r, jusqu'à la fin. — 33e *Aiguille.* 1j, 1r, 1j, 1r, 1j, 1r, 4u 1j, 1r, 14J, 1j, 1r, 7u, 1j, 1r, jalf. — 35e *Aiguille.* 1j, 1r, 1j, 1r, 1j, 1r, 4u, 1j, 1r, 14u, 1j, 1r, 5u, 1j, 1r, jalf. — 37e *Aiguille.* 1j, 1r, 1j, 1r, 1u, 1j, 1r, 2u, 1j, 1r, 4u, 1j, 1r, 7u, 1j, 1r, 2u, 1j, 1r, jalf. — 39e *Aiguille.* 1j, 1r, 1j, 1r, 2u, 1j, 1r, 1j, 1r, 5u, 1j, 1r, 1j, 1r, 1u, 1j, 1r, 2u, 1j, 1r, 3u, 1j, 1j, 7u, 1j, 1r, 1j, 1r, 1j, 1r, 1j, 1r, 5u, 1j, 1r, 1j, 4u, 1j, 1r, 5u, 1j, 1r, jalf. — 49e *Aiguille.* 1j, 1r, 1r, 1j, 1r, 1j, 4u, 1j, 1r, 1j, 1r, 1j, 1r, 1j, 2u, 1r, 1j, 1r, 1j, 4u, 1j, 1r, 5u, 1j, 1r, jalf. — 51e *Aiguille.* 1j, 1r, 1j, 1r, 1j, 1r, 1j, 1r, 1j, 1r, 1j, 1r, 1j, 1r, 1j, 1r, 1j, 1r, 1j, 1r, 1u, 1r, 1j, 1r, 1j, 3u, 1j, 1r, 5u, 1j, 1r, jalf. — 53e *Aiguille.* 1j, 1r, 1j, 1r, 1u, 1j, 1r, 1j, 1r, 1j, 1r, 1j, 1r, 1j, 1r, 1j, 1r, 1j, 1r, 3u, 1j, 1r, 1j, 1r, 2u, 1j, 1r, 5u, 1j, 1r, jalf. — 55e *Aiguille.* 1j, 1r, 1j, 1r, 1j,

1r, 1u, 1j, 1r, 1j, 1r, 1j, 1r, 1j, 1r, 1j, 1r, 1j, 1r, 1j, 1r, 1j, 1r, 3u, 1j, 1r, 1j, 1r, 6u, 1j, 1r, jalf. — 57ᵉ *Aiguille*. 1j, 1r, 1j, 1r, 1j, 1r, 1u, 1j, 1r, 1j, 1r, 1j, 1r, 1j, 1r, 1j, 1r, 1j, 1r, 1j, 1r, 1j, 1r, 3u, 1j, 1r, 1j, 1r, 6u, 1j, 1r, jalf. — 59ᵉ *Aiguille*. 1j, 1r, 1j, 1r, 1j, 1r, 2u, 1j, 1r, 1j, 1r, 1j, 1r, 1j, 1r, 1j, 1r, 1j, 1r, 1j, 1r, 1j, 1r, 2u, 1j, 1r, jalf. — 61ᵉ *Aiguille*. 1j, 1r, 1j, 1r, 1j, 1r, 2u, 1j, 1r, 1j, 1r, 1j, 1r, 1j, 1r, 1j, 1r, 1j, 1r, 1j, 1r, 1j, 1r, 2u, 1j, 1r, jalf. — 63ᵉ *Aiguille*, 1j, 1r, 1j, 1r, 1j, 1r, 1u, 1r, 1j, 1r, 1j, 1r, 1j, 1r, 1j, 1r, 1j, 1r 1j, 1r, 1j, 1r, 1j, 1r, 1j, 2u, 1j, 1r, jalf. — 65ᵉ *Aiguille*. 1j, 1r, 1j, 1r, 1j, 1r, 1u, 1r, 1j, 1r, 1j, 1r, 1j, 1r, 1j, 1r, 1j, 1r, 1j, 1r, 1j, 1r, 1j, 2u, 1j, 1r, 1j, 1r, 1j, 1r, 1j, 1r, 1u, 1j, 1r, jalf. — 67ᵉ *Aiguille*. 1j, 1r, 1j, 1r, 1j, 1r, 2u, 1r, 1j, 1r, 1j, 1r, 1j, 1r, 1j, 1r, 1j, 1r, 1j, 1r, 1j, 1r, 1j, 1r, 1j, 1r, 1j, 7u, 1j, 1r, jalf. — 69ᵉ *Aiguille*. 1j, 1r, 1j, 1r, 1j, 1r, 2u, 1r, 1j, 1r, 1j, 1r, 1j, 1r, 1j, 1r, 1j, 1r, 1j, 1r, 1j, 1r, 1j, 1r, 1j, 1r, 1j, 1r, 1j, 1r, 1j, 8u, 1j, 1r, jalf. — 71ᵉ *Aiguille*. 1j, 1r, 1j, 1r, 1j, 1r, 3u, 1j, 1r, 1j, 1r, 1j, 1r, 1j, 1r, 1j, 1r, 1j, 1r, 1j, 1r, 1j, 9u, 1j, 1r, jalf. — 73ᵉ *Aiguille*. 1j, 1r, 1j, 1r, 1j, 1r, 3u, 1r, 1j,

1r, 1j, 1r, 1j, 1r, 1j, 1r, 1j, 1r, 1j, 1r, 1j, 1r, 1j, 2u, 1j, 1r, 1j, 10u, 1j, 1r, 1j, 1r, 1j, 1r, 2u, 1j, 1r, jalf. — 75ᵉ *Aiguille*. 1j, 1r, 1j, 1r, 1j, 1r, 5u, 1j, 1r, 1j, 1r, 1j, 3u, 1j, 1r, 1j, 1r, 3u, 1j, 1r, 11u, 1j, 1r, 1j, 1r, 2u, 1j, 1r, jalf. — 77ᵉ *Aiguille*. 1j, 1r, 1j, 1r, 1j, 1r, 42u, 1j, 1r, jalf. — 79ᵉ *Aiguille*. 1j, 1r, 1j, 1r, 1j, 1r, 42u, 1j, 1r, jalf.

Cette aiguille est le milieu du travail; pour le continuer, vous n'avez qu'à vous reporter aux aiguilles précédentes, c'est-à-dire remonter 77, 75, 73 et ainsi de suite *. Pour terminer votre travail, faites une petite dentelle très basse que vous ne soutenez que dans les coins. Pour monter cet ouvrage prenez un carton bien blanc de la dimension de votre travail. Mettez d'un côté de la batiste de fil et de l'autre du beau satin très brillant que vous cousez à surjet bien fin. Mettez la pâle sur le satin et terminez par la dentelle *. Prenez un gros fil et contournez avec beaucoup de soin tous les contours des anges et du ciboire afin de mettre en relief et faire ressortir les sujets.

Fig. Nº 35. — Dentelle haute et riche à Fil simple.

Avant de faire cette dentelle qui est très belle, il faut apprendre les abeilles par 5 mailles, qui forment le fond de la dentelle, puis les œillets par 11 mailles. Ensuite la fig. nº 2 est un semis de feuilles de rose qui est par 9 mailles; dans votre dentelle elles sont par 11 mailles. Lorsque vous saurez faire les unes, vous saurez faire les autres, cela vous facilitera beaucoup pour faire votre dentelle qui est très facile à faire. Elle est destinée pour faire une aube, mais elle peut garnir des rideaux, Avec quelque combinaison elle ferait de jolis stores ou des brise-bise; la grande (car celle que je vais écrire et le revers) ferait de jolis rideaux de lit d'enfant, vous n'aurez qu'à faire le fond assez large.

Ce travail est fait avec du fil nº 108 et des aiguilles nº 12.

Montez 83 mailles et vous obtenez 17 centimètres de haut; si vous voulez terminer votre dentelle par un entredeux je vous en donne deux à la suite de cette dentelle, mais l'entre-deux à fil simple conviendrait mieux que celui à fil croisé. Je vous donne aussi la petite dentelle qu'il faut au bord du revers.

1ʳᵉ *Aiguille*. 1j. 1r, 1u, 1j, 1r, 1j, 1r, 1j, 3u, 1r, 1e, 1r, 3u, 1j, 1u, 1j, 3u, 1r, 1e, 1r, 3u, 1j, 1u, 1r, 2j, 1r, 1r, 1j, 1u, 1j, 1r, 1r, 2j, 1r, 1u, 1j, 1u, 3alf, 1u, 1j, 1u, 1j, 1u, 3alf, 1u, 1j, 1u, 3alf, 1u, 1j, 1u, 1j, 1u, 3alf, 1u, 1j, 1u, 3alf, 1u, 1j, 1u, 1j, 3alf, 1u, 1j, 1u, 1r, 2u, 1j, 1r, 2u.

2ᵉ *Aiguille*. 1j, 1r, 3u, 1r, 1j, 3u, 1j, 3alf, 1j, 3u, 1j, 3alf, 1j, 3u, 1j, 3alf, 1j, 3u, 1j, 3alf, 1j, 3u, 1j, 3alf, 1r, 5u, 1j, 3u, 1j, 5u, 1r, 1j, 2e, 1r, 1u, 1r, 2e, 1j, 3e, 1j, 2e, 1r, 1u, 1r, 2e, 1j, 8u.

3ᵉ *Aiguille*. 1j, 1r, 1u, 1j, 1r, 1j, 1r,

1j, 1r, 1j, 1u, 1r, 1e, 1r, 1u, 1j, 5u, 1j,
1u, 1r, 1e, 1r, 1u, 1j, 1r, 1r, 2j, 1r, 1u,
1j, 5u, 1j, 1u, 1r, 2j, 1r, 1r, 1j, 1u, 3alf,
1u, 1j, 1u, 1j 1u, 3alf, 1u, 1j, 1u, 1j, 1u,
3alf, 1u, 1j, 1u, 1j, 1u, 3alf, 1u, 1j, 1u,
1j, 1u, 3alf, 1u, 1j, 2u, 1j, 1r, 2u.

4e *Aiguille*. 1j, 1r, 5u, 1j, 3alf, 1j,
3u, 1j, 3alf, 1j, 3u, 1j, 3alf, 1j, 3u, 1j,
3alf, 1j, 3u, 1j, 3alf, 1j, 6u, 1j, 7u, 1j,
5u, 1r, 1j, 1r, 1u, 1r, 1j, 7e, 1j, 1r, 1u,
1r, 1j, 10u.

5e *Aiguille*. 1j, 1r, 1u, 1j, 1r, 1j,
1r, 1j, 1r, 1j, 1r, 1j, 3alf, 1j, 3u, 1j,
3alf, 1j, 1r, 1r, 2j, 1r, 1u, 1j, 9u, 1j, 1u,
1r, 2j, 1r, 1r, 2u, 1j, 1u, 3alf, 1u, 1j, 1u,
1j, continuez le fond. Nous ne parlerons
plus que du bord de la dentelle.

6e *Aiguille*. Nous commençons à
la rivière de jours, 1r, 5u, 1j, 1r, 3u,
1j, rab 1m, 2u, 1r, 1j, 5u, 3alf, 1j, 3e,
1r, 1u, 1r, 3e, 1j, 13u.

7e *Aiguille*. 1j, 1r, 1u, 1j, 1r, 1j, 1r,
1j, 1r, 1j, 1r, 1j, 1r, 1j, 1u, 1j, 2u, 1r,
1e, 1r, 2u, 1j, 1r, 1r, 2j, 1r, 1u, 1j, 1u,
1j, 1r, 5u, 1r, 1j, 1u, 1j, 1u, 1r 2j, 1r,
1r, et le fond.

8e *Aiguille*. 6u, 1j, 3u, 1j, 1r, 3u, 1r, 1j,
3u, 1j, 5u, 1r, 1j, 1e, 1r, 1u, 1r, 1e, 1j, 16u.

9e *Aiguille*. 1j, 1r, 1u, 1j, 1r, 1j,
1r, 1j, 1r, 1j, 1r, 1j, 1r, 1j, 1r, 1j,
1r, 1e, 1r, 1j, 1r, 2j, 1r, 1u, 1j, 5u,
1j, 1r, 1u, 1r, 1j, 5u, 1j, 1u, 1r, 2j, 1r, 1r.

10e *Aiguille*. 6u, 1j, 7u, 1j, 3alf, 1j,
7u, 1j, 5u, 1r, 1j, 3alf, 1j, 18u.

11e *Aiguille*. 1j, 1r, 1u, 1j, 1r, 1j,
1r, 1j, 1r, 1j, 1r, 1j, 1r, 1j, 1r, 1j,
1j, 1r, 1j, 1u, 1j, 1r, 1r, 2j, 1r, 1u, ret.
l'ouv, 6u, ret. l'ouv, 1u, 1r, 2j, 1r, 1u,
1j, 9u, 1j, 1u, 1j, 9u, 1j, 1u, 1r, 2j, 1r,
1u, retournez l'ouvrage 6u, ret. l'ouv,
1u, 1r, 2j, 1r, 1r, et le fond.

12e *Aiguille*. 6u, 1j, 1r, 3u, 1j, rab.
1m, 2u, 1r, 1j, 1u, 1j, 1r, 3u, 1j, rab.
1m, 2u, 1r, 1j, 5u, 1r, 1j, 1e, 1j, rab.
1m et 3alf, 1j, 1r, 1j, 1r, 1j, 1r, 1j, 1r,
1j, 1r, 1j, 1r, 1j, 1r, 2u.

13e *Aiguille*. 1j, 1r, 15u, 1j, 3u, 1j,
1u, 1r, 2j, 1r, 1r, 1j, 1r, 5u, 1r, 1j, 3u,
1j, 1r, 5u, 1r, 1j, 1r, 1r, 2j, 1r, 1u et le
fond.

14e *Aiguille*. 5u, 1r, 1j, 1r, 3u, 1r,
1j, 5u, 1j, 1r, 3u, 1r, 1j, 1r, 5u, 1j, 5e,
1j, 3alf, 1j, 1r, 1j, 1r, 1j, 1r, 1j, 1r, 1j,
1r, 1j, 1r, 2u.

15e *Aiguille* 1j, 1r, 13u, 1j, 7u, 1j,

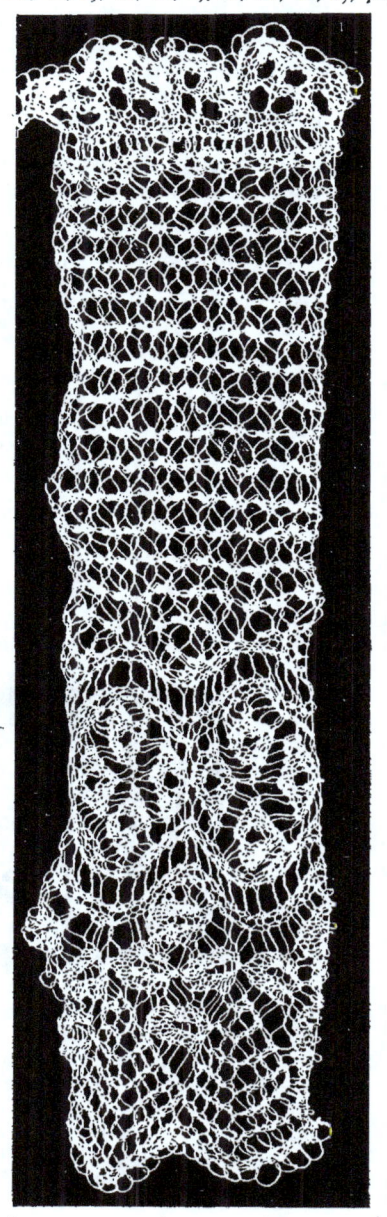

1u, 1r, 2j, 1r, 1r, 1j, 1r, 1u, 1r, 1j, 7u,

1j, 1r, 1u, 1r, 1j, 1r, 1r, 2j, 1r, 1u, 1j,
et le fond.

16e *Aiguille*. 5u, 1r, 1j, 3alf, 1j, 9u, 1j, 3alf, 1j, 1r, 5u, 1j, 9e, 1j, 3alf, 1j, 1r, 1j, 1r, 1j, 1r, 1j, 1r, 1j, 1r, 2u.

17e *Aiguille*. 1j, 1r, 11u, 1j, 3u, 1r, 1e, 1r, 3u, 1j, 1u, 1r, 2j, 1r, 3alf, 1j, 1r, 3u, 1j, rab. 1m, 2u, 1r, 1j, 3alf, 1r, 2j, 1r, 1u, 1j, et le fond.

18e *Aiguille*. 5u, 1r, 1j, 1r, 5u, 1r, 1j, 1r, 5u, 1j, 1e, 1j, 2e, 1r, 1u, 1r, 2e, 1j, 1e, 1j, 3alf, 1j, 1r, 1j, 1r, 1j, 1r, 1j, 1r, 2u.

19e *Aiguille*. 1j, 1r, 9u, 1j, 3u, 1j, 1u, 1r, 1e, 1r, 1u, 1j, 3u, 1j, 1u, 1r, 2j, 1r, 1r, 1j, 1r, 3u, 1r, 1j, 1r, 1r, 2j, 1r, 1u, 1j, et le fond.

20e *Aiguille*. 5u, 1r, 1j, 1r, 1u, 1r 1j, 1r, 5u, 1j, 5e, 1j, 1r, 1u, 1r, 1j, 5e, 1j, 3alf, 1j, 1r, 1j, 1r, 1j, 1r, 2u.

21e *Aiguille*. 1j, 1r, 7u, 1j, 7u, 1j, 3alf, 1j, 7u, 1j, 1u, 1r, 2j, 1r, 1r, 1j, 3alf, 1j, 1r, 1r, 2j, 1r, 1u, et le fond.

22e *Aiguille*. 5u, 1r, 1j, 1u, 1j, 1r, 5u, 1j, 9e, 1j, 1e, 1j, 9e, 1j, 3alf, 1j, 1r, 1j, 1r, 2u.

Il faut faire comme il faut les jetés ou les rétrécis du fond, il faut suivre la courbure du jour. Il est presque impossible d'écrire les dessins à fil simple, on fait bien une dent, mais elle finit presque toujours du côté opposé où il faudrait la recommencer; c'est pour cela qu'il est urgent d'apprendre les motifs avant de commencer.

Pour la grande dentelle faites les médaillons par 4 feuilles et vous pouvez exhausser la dentelle en faisant plus de fond. Vous pouvez, si vous voulez faire vos médaillons par 5 ou 6 feuilles de haut la figure que je vous donne n'a que 2 feuilles de haut. Il faut faire autant d'œillets.

Fig. N° 36. — Dentelle.

Cette petite dentelle ferait de la jolie lingerie, elle est légère et très claire.

Montez 11 mailles fil. 144 aiguilles n° 7, on peut se servir des aiguilles

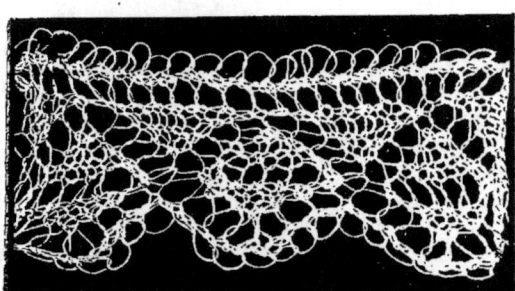

n° 5 si on veut la dentelle plus serrée.

1re *Aiguille*. 1j, 1r, 1j, 1u, 1j, 1r, 3u, 1j, 1r, 1u. — 2e *Aiguille*. 1j, 1r, 10u, — 3e *Aiguille*. 1j, 1r, 1j, 3u, 1j, 1r, 2u, 1j, 1r, 1u. — 4e *Aiguille*. 1j, 1r, 6u, 1j, rab. 1m, 3u. — 5e *Aiguille*. 1j, 1r, 1j, 5u, 1j, 1r, 1u, 1j, 1r, 1u. — 6e *Aiguille*. 1j, 1r, 6u, 1j, rab. 1m, 4u. — 7e *Aiguille*. 1j, 1r, 1j, 7u, 1j, 1r, 1j, 1r, 1u. — 8e *Aiguille*. 1j, 1r, 6u, 1j, rab 1m, 5u. — 9e *Aiguille*. 1j, 1r, 1j, 1r, 5u, 1r, 1j, 1u, 1j, 1r, 1u. — 10e *Aiguille*. 1j, 1r, 6u, 1j, rab 1m, 2u, 1j, 1r, 1u. — 11e *Aiguille*. 1j, 1r, 1u, 1r, 3u, 1r, 1j, 2u, 1j, 1r, 1u. — 12e *Aiguille*. 1j, 1r, 6u, 1j, rab 1m. 1u, 1j, 1r, 1u. — 13e *Aiguille*. 1j, 1r, 1u' 1r, 1u, 1r, 1j, 3u, 1j, 1r, 1u. — 14e *Aiguille*.. 1j, 1r, 8u, 1j, 1r, 1u. — 15e *Aiguille*. 1j, 1r, 1u, 3alf, 1j, 4u, 1j, 1r. 1u. — 16e *Aiguille*. 1j. 1r, 7u, 1j, 1r, 1u.

Fig. N° 37. — Entre-deux.

Monter *18 mailles*. 1re *Aiguille.* 1j, 1r, 8u, 2m tordues, 6u. — 2e *Aiguille.* 1j, 1r, 1r, 2j, 1r, 1u. 3mdls, 1u, 1r, rab la maille u, 1tordue, 1r, 2j, 1r, 2u (il faut dans les jetés tricoter 1u, 1e). — 3e *Aiguille.* 1j, 1r, 5u, 1tordue, 3u, 1tordue, 6unies. — 4e *Aiguille.* 1j, 1r, 1r, 2j, 1r, 1u, 1u. 1r, rabl m, uni, 3mdls, tordue, 1r, 2j, 1r, 2u.

Il y a une partie de cet entre-deux où il y a des mailles tordues, c'est la partie la plus claire, l'autre partie est à mailles simples.

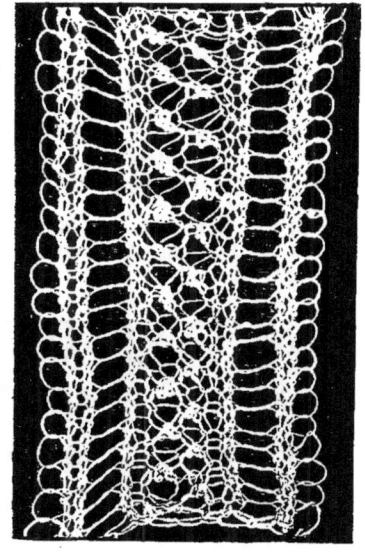

Fig. N° 38. — Entre-deux.

Monter *19 mailles* fil 144, *Aiguille.* n° 7. 1re *Aiguille.* 1j, 1r, 1u,

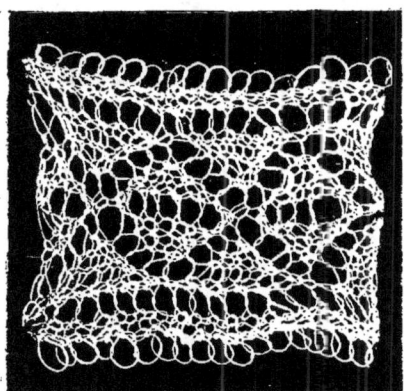

1j, 1r, 1j, 1r, 2u, 1j, rab. 1m, 1u, 1r, 1j, 1u, 1j, 1r, 2u. — 2^e *Aiguille.* 4, 6, 8, 10, 12, 14, 16e, aiguilles sont unies. — 3^e *Aiguille.* 1j, 1r, 1u, 1j, 1r, 1u, 1j, 1r, 1u, 1j, rab. 1m, 1r, 1j, 2u, 1j, 1r, 2u. — 5^e *Aiguille.* 1j, 1r, 1u, 1j, 1r, 2u, 1j, 1r, 1j, rab 1m, et prendre la suivante avec la maille 1j, 3u, 1j, 1r, 2u. — 7^e *Aiguille.* 1j, 1r, 1u, 1j, 1r, 3u, 1j. 3alf, 1j, 4u, 1j, 1r, 2u. — 9^e *Aiguille.* 1j, 1r, 1u, 1j, 1r, 2u, 1r, 1j, 1u, 1j, 1r, 3u, 1j. 1r, 2u. — 11e *Aiguille.* 1j, 1r, 1u, 1j, 1r, 1u, 1j, 1r, 3u, 1j, 1r, 2u, 1j, 1r, 2u. — 13e *Aiguille.* 1j, 1r, 1r, 1j, 2u, 1j, rab, 1m, 1u, 1j, 1r, 1u, 1j, 1r, 2u. — 15e *Aiguille.* 1j, 1r, 1u, 1j, 3alf. 1j, 3u, 1j, rab. 1m, 2u, 1j, 1r, 1j, 1r, 2u.

Si vous avez besoin d'entre-deux plus étroits, supprimez les jours et commencez vos entre-deux par 1j, 1r, et le dessin. Cet entre-deux ferait de la très jolie lingerie avec la dentelle fig. n° 36.

Vous pouvez, si vous voulez votre dentelle plus serrée, vous servir d'aiguilles n° 5.

Fig. N° 39. — Col Marie-Hélène, Cette dernière Création est facile à faire.

Ce col est très élégant garnissant les épaules et retombant sur les bras. Coupez un patron de la grandeur que vous désirez, prenez du fil n° 150, aiguilles n° 8, et faites la dentelle suivante pour le devant du col, lorsque vous voulez faire le coin, il faut le commencer aussitôt la dent finie ; vous laissez les mailles du bas et vous remontez jusqu'à ce que vous ayez

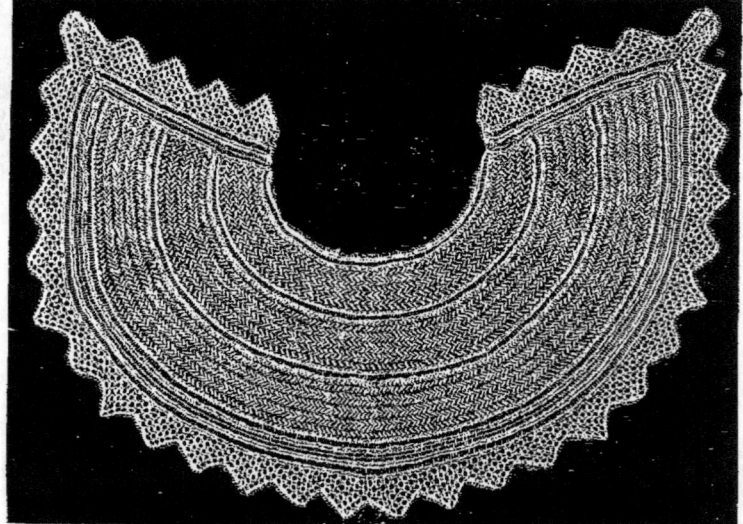

22 mailles ; alors vous redescendez jusqu'à ce que vous ayez fermé toutes les mailles.

DENTELLE

Monter 10 mailles. 1re *Aiguille.* 1j, 1r, 1r, 2j, 2u, 2j, 1r, 2u. — 2e *Aiguille.* unie. — 3e *Aiguille.* 1j, 1r, 1r, unie. — 4e *Aiguille.* unie. — 5e *Aiguille.* 1j, 1r, 1u, 2j, 1r, 1u, 2j, 1r, 4u. — 6e *Aiguille.* unie. — 7e *Aiguille.* 1j, 1r, et unie. — 8e *Aiguille.* unie. — 9e *Aiguille.* 1j, 1r, 1u, 2j, 1r, 1u, 2j, 1r, 1r, 2j, 1r, 2u. — 10e *Aiguille.* unie. — 11e *Aiguille.* 1j, 1r, 1ru. — 12e *Aiguille.* unie. — 13e *Aiguille.* 1j, 1r, 1u, 2j, 1r, 1u, 2j, 1r, 1r, 2j, 1r, 4u. — 14e *Aiguille.* unie. — 15e *Aiguille.* 1j, 1r, 1ru. — 16e *Aiguille.* unie. — 17e *Aiguille.* 1j, 1r, 1u, 2j, 1r, 1u, 2j, 1r, 1r, 2j, 1r, 1r, 2j, 1r, 2u. — 18e *Aiguille.* unie. — 19e *Aiguille.* 1j, 1r, 1ru. — 20e *Aiguille.* unie. — 21e *Aiguille.* 1j, 1r, 1u, 2j, 1r, 1u, 2j, 1r, 1r, 2j, 1r, 1r, 2j, 1r, 4u. — 22e *Aiguille.* unie. — 23e *Aiguille.* 1j, 1r, 1ru. — 24e *Aiguille.* unie. — 25e *Aiguille.* 1j, 1r, 1u, 2j, 1r, 1u, 2j, 1r, 1r, 2j, 1r, 1r, 2j, 1r, 1r, 2j, 1r, 2u. — 26e *Aiguille.* unie. — 27e *Aiguille.* 1j, 1r, 1r, 1ru. — 28e *Aiguille.* unie et faire 1r avant les deux dernières mailles. — 29e *Aiguille.* 1j, 1r, 1r, 2j, 1r, 1r, 2j, 1r, 1r, 2j, 1r, 1r, 2j, 1r, 4u. — 30e *Aiguille.* unie. — 31e *Aiguille.* 1j, 1r, 1r, 1ru. — 32e *Aiguille.* unie et finir par 1r, 2u. — 33e *Aiguille* 1j, 1r, 1r, 2j, 1r, 2j, 1r, 1r, 2j, 1r, 1r, 2j, 1r, 2u. — 34e *Aiguille.* unie. — 35e *Aiguille.* 1j, 1r, 1r, 1ru, — 36e *Aiguille.* unie et finir par 1r, 2u. — 37e *Aiguille.* 1j, 1r, 1r, 2j, 1r, 1r, 2j, 1r, 1r, 2j, 1r, 4u. — 38e *Ai-*

guille. unie. — 39ᵉ *Aiguille.* 1j, 1r, 1r, 1ru. — 40ᵉ *Aiguille.* unie et finir par 1r, 2u. — 41ᵉ *Aiguille.* 1j, 1r, 1r, 2j, 1r, 1r, 2j, 1r, 1r, 2j, 1r, 2u. — 42ᵉ *Aiguille.* unie. — 43ᵉ *Aiguille.* 1j, 1r, 1r, 1ru. — 44ᵉ *Aiguille.* unie et finir par 1r, 2u. — 45ᵉ *Aiguille.* 1j, 1r, 1r, 2j, 1r, 1r, 2j, 1r, 4u. — 46ᵉ *Aiguille.* unie, — 47ᵉ *Aiguille.* 1j, 1r, 1r, 1ru. — 48ᵉ *Aiguille.* unie et finir par 1r, 2u. — 49ᵉ *Aiguille.* 1j, 1r, 1r, 2j, 1r, 1r, 2j, 1r, 2u. — 50ᵉ *Aiguille.* unie. — 51ᵉ *Aiguille.* 1j, 1r, 1r, 1ru. — 52ᵉ *Aiguille.* unie et finir par 1r, 2u.

Si vous préférez la dent moins régulière, vous diminuerez à toutes les aiguilles, faites 3 dents ; à la 4ᵉ faites la dent du coin comme je vous l'ai indiqué et, quand cette dent est terminée ; tricotez sur la lisière de votre dentelle 2 branches de point de Venise ; ne fermez que 3 mailles et faites 7 mailles dans la suivante.

Texte nº 4. — Point de Venise.

Ce travail est simple ; sur votre montage ne fermez que 3 ou 4 mailles et tricotez 7 mailles dans la suivante ; à la 2ᵉ aiguille où vous avez 7 mailles, vous en fermez 6 et vous faites 7 mailles dans la suivante. Vous faites le jour du manuel de tricot fig. nº 7 et vous tricotez 4 fois, 7mdls, et fermez 3m, puis le jour échelle, arrivé à ce jour il faut ret l'ou ; faire la dentelle et remonter après le 2ᵉ jour échelle ; vous faites 4 fois 7mdls, et fermez 3m, puis vous ret l'ou ; vous faites votre dentelle et vous, ret l'ou ; vous refaites la dentelle et montez jusqu'au 1ᵉʳ jour, et vous redescendez, puis vous remontez après le 3ᵉ jour ; vous faites 3 fois 7mdls, et fer 3m. Terminez votre col par 3 mailles unies et vous commencez par 1j, 1r, 1u, et vous descendez sans retourner. Vous tricotez 4 fois la dentelle pendant que vous ne faites que 3 fois la 1ʳᵉ partie, et la 2ᵉ partie 2 fois, et la 3ᵉ partie 1 fois.

Fig. Nº 40.

Garniture d'un revers de jaquette ou de manteau au point de Venise, fil nº 150, aig. nº 8.

Pour faire cette garniture coupez un patron du revers que vous voulez couvrir et faites votre dentelle plus large pour retourner dans l'intérieur de votre vêtement, il faut aussi que la dent dépasse le revers.

Je vous donne 1 dent de la dentelle, mais, il faut suivre votre patron, élargir du côté du point de Venise et diminuer de même, lorsque vous êtes au milieu de votre garniture, pliez-là et faites la deuxième partie exactement pareille à la première.

Il faut que la 1ʳᵉ dent ait 2 abeilles de haut, la 2ᵉ 3, et la 3ᵉ dent 4, c'est celle que j'écris.

Monter 39 mailles. 1ʳᵉ *Aiguille.* 1j, 1r, 1u, 1j, 1u, 1j, 1r, 2u, 1j, 1r, 2u, 1j, 1r, 2u, 1j, 1r, 2u, fer 5 mailles, 6mdls, fer 5m, 3u, re l'ou, 1j, 1r, 1u, rl'ou. — 2ᵉ *Aiguille.* 1j, 1r, 1u, 6mdls, fer 5m, 6mdls, 1u, 1r, 1j, 2u, 1r, 1j, 2u, 1r, 1j, 2u, 1r, 1j, 3u, 1j, 3u. — 3ᵉ *Aiguille.* 1j, 1r, 1u, 1j, 5u, 1j, 1r, 2u, 1r, 1j, 2u, 1j, 1r, 2u, 1j, 1r, ret l'ou, ne pas tricoter la 1ʳᵉ maille. — 4ᵉ *Aiguille.* 3u, 1r, 1j, 2u, 1r, 1j, 2u, 1r, 1j, 2u, 3malf, 2u, 1j, 3u, rl'ouv, 1j, 1r, 1u, rl'ou, 3u. — 5ᵉ *Aiguille.* 1j, 1r, 1u, 1j, 1u, 1j, 1u, 3malf, 1u, 1j, 1u, 1j, 1r, 2u, 1j, 1u, 1j, 2u, 1r, 1j, 2u, fer 5m, 6mdls, fer 5m, 6mdls, 2u. — 6ᵉ *Aiguille,* 1j, 1r, 1u, ret l'ou, 3u, 1j, 1r, 1u, fer 4m, 6mdls, fer 5m, 6mdls, 1u, 1r, 1j, 2u, 1r, 1j, 2u, 1r, 1j, 3u, 1j, 3malf, 1j, 3u, 1j, 3u. — 7ᵉ *Aiguille.* 1j, 1r, 1u, 1j, 1u, 1j, 5u, 1j, 1r, 2u, 1r, 1j, 2u, 1r, rl'ou. — 8ᵉ *Aiguille.* 3u, 1r, 1j, 2u, 1r, 1j, 1u, 1j, 2u, 1r, 2u, 1j, 1u, 1j, 2u, 1r, 2u, 1j, 1u, 1j, 3u. — 9ᵉ *Aiguille.* 1j, 1r, 1u, rl'ou, 3u, 1j, 1r, 1u, 1j, 3u, 1j,1u, 3malf, 1u, 1j, 3u, 1j, 1u, 3malf, 1u, 1j, 3u, 1j, 1r, 2u, 1j, 1r, 2u, fer 5m, 6mdls, fer 5m,

6mdls, 3u. — 10e *Aiguille*. 1j, 1r, 1u, rl'ou, 3u, 1j, 1r, 1u, fer 5m, 6mdls, fer, 5m, 6mdls, 1u, 1r, 1j, 2u, 1r, 1j, 5u, 1j, 3malf, 1j, 5u, 1j, 3malf, 1j, 5u, 1j, 3u. — 11e *Aiguille*. 1j, 1r, 1u, 1j, 1u, 1j, 2u, 1r, 2u, 1j, 1u, 1j, 2u, 3malf, 2u, 1j, 1u, 1j, 2u, 1r, 2u, 1j, 1u, 1j, 1r, 2u, 1j, 1r, rl'ou. — 12e *Aiguille*. 3u, 1r, 1j, 3u, 1j, 1u, 3malf, 1u, 1j, 3u, 1j, 1u, 3alf, 1u, 1j, 3u, 1j, 1u, 3alf, 1u, 1j, 3u, 1j, 3u. — 13e *Aiguille*. 1j, 1r, 1u, rel'ou, 3u, rl'ou, 1j, 1r, 1u, 1j, 5u, 1j, 3alf, 1j, 5u,

veillez à cela c'est pour rélargir et conserver la dernière maille pour faire les 3m qui forment lisière. — 18e *Aiguille*, 1j, 1r, 1u, rel'ou, 3u, rel'ou, 1j, 1r, 1u, 6mdls, fer 5m, 7mdls, fer 5m, 6mdls, 2u, 1j, 1r, 2u, 1j, 1u, 3alf, 1u, 1j, 3u, 1j, 1u, 3alf, 1u, 1j, 3u, 1j, 1u, 3alf, 1u, 1j, 1r, 2u. — 19e *Aiguille*. 1j, 1r, 1u, rel'ou, 3u, rel'ou, 1j, 1r, 1u, 3alf, 1j, 5u, 1j, 3alf, 1j, 5u, 1j, 3alf, 1j, 2u, 1r, 1j, 3u, rel'ou. — 20e *Aiguille*. 4u, 1j, 1r, 1u, rab la 2e m de l'aiguille

1j, 3alf, 1j, 5u, 1j, 3alf, 1j, 5u, 1j, 1r, 2u, fer 5m, 6mdls, fer 5m, 6mdls, 3u. — 14e *Aiguille*. 1j, 1r, 1u, rel'ou, 3u, rl'ou, 1j, 1r, 5mdls, fer 5m, 6mdls, fer 5m, 6mdls, 1u, 1r, 1j, 2u, 3alf, 2u, 1j, 1u, 1j, 2u, 3alf, 2u, 1j, 1u, 1j, 2u, 3alf, 2u, 1j, 1u, 1j, 2u, 3alf, 2u, 1j, 3u. — 15e *Aiguille*. 1j, 1r, 1u, rel'ou, 3u, rel'ou, 1j, 1r, 1r, 1j, 1u, 3alf, 1u, 1j, 3u, 1j, 1u, 3alf, 1u, 1j, 3u, 1j, 1u, 3alf, 1u, 1j, 3u, 1j, 1u, 3alf, 1u, 1j, 1u, 3alf, 1u, 1j, 2u, rel'ou. — 16e *Aiguille*. 4u, 1j, 3alf, 1j, 5u, 1j, 3alf, 1j, 5u, 1j, 3alf, 1j, 5u, 1j, 3alf, 1j, 1r, 2u. — 17e *Aiguille*. 1j, 1r, passez la m suivante sur l'aiguille droite, rab la 2e m de l'aiguille gauche sur la 1re m et prenez cette m avec celle! que vous avez passée sur l'aiguille droite, c'est pour faire disparaître l'abeille. Dans les autres aiguilles j'écrirai 3alf. il faudra y veiller, 1j, 2u, 3alf, 2u, 1j, 1u, 1j, 2u, 3alf, 2u, 1j, 1u, 1j, 2u, 3alf, 2u, 1j, rab, 1m, 3u, fer 5m, 6mdls, fer 5m, 6mdls, fer 4m;

gauche sur la 1re maille et tricotez celle-ci dans un autre, je dirai 1r; il il faudra y veiller 1j, 2u, 3alf, 2u, 1j, 1u, 1j, 2u, 3alf, 2u, 1j, 3alf, 2u. — 21e *Aiguille*. 1j, 1r, 1u, rel'ou, 3u, rel'ou, 1j, 1r, 1r, 1j, 1u, 3alf, 1u, 1j, 3u, 1j, 1u, 3alf, 1u, 1j, 2u, 1r, 1j, 2u, 1r, 1j, 1u, fer 5m, 6mdls, fer 5m, 6mdls, fer 5m, 6mdls, 2u. — 22e *Aiguille*. 1j, 1r, 1u, rel'ou, 3u, rel'ou, 1j, 1r, 1u, fer 4m, 6mdls, fer 5m, 6mdls, fer 5m, 6mdls, 2u, 1j, 1r, 2u, 1r, 2u, 1j, 3alf, 1j, 5u, 1j, 3alf, 1j, 1r, 2u. — 23e *Aiguille*. 1j, 1r, 3alf, 1j, 2u, 3alf, 2u, 1j, rab 1m, 2u, 1r, 1j, 2u, 1r, 1j, 3u, rel'ou. — 24e *Aiguille*. 4u, 1j, 1r, 2u, 1j, 2u, 1j, 3alf, 1u, 1j, 1r, 2u. — 25e *Aiguille* 1j, 1r, 1r, 1j, 3alf, 1j, 2u, 1r, 1j, 2u, 1r, 1j, 2u, 1r, 1j, 1u, fer 5m, 6mdls, fer 5m, 6mdls, fer 5m, 6mdls, 3u. — 26e *Aiguille*, 1j, 1r, 1u, rel'ou, 3u, 1j, 1r, 6mdls, fer 5m, 6mdls, fer 5m, 6mdls, fer 5m, 6mdls, 2u, 1j,

1r, 2u, 1j, 1r, 2u, 1j, 1r, 2u, 1j, 1u, 1j, 1r, 2u. — 27ᵉ *Aiguille*. 1j, 1r, 1r, 1j, reportez-vous à la 1ʳᵉ aiguille. 1u, 1j, 1r, 2u.

Vous devez avoir remarqué que l'on tricote 2 fois les dessins et le bord pendant qu'on ne tricote qu'une fois le point de Venise. Je retourne le bord de la dent, afin qu'elle ne tire pas étant à fil croisé et les abeilles à fil simple.

Il est très difficile de reconnaître que ce travail est du tricot.

MANIÈRE DE BLANCHIR LES DENTELLES

Savonnez les dentelles, roulez-les dans les mains, évitez de les frotter car cela les use et casse les fils. Trempez-les dans de l'eau de riz ; si vous les voulez crème, faites bouillir du thé dans une boule et laissez quelques minutes vos dentelles dans l'infusion, il faut les ouvrir de manière qu'elles forment le moins de plis possibles.

Cette précaution est pour éviter que vos dentelles soient plus foncées, ou plus claires par endroit et qu'elles prennent également l'eau de riz qui remplace l'amidon. Vos dentelles seront plus claires et plus souples que mises à la gomme qui casse le fil. Évitez cette vieille méthode, retirez-les du bain dans lequel vous les avez mises, placez-les bien étendues dans un linge sec, roulez-les, tordez légèrement le tout, afin d'essorer vos dentelles et pendant qu'elles sont mouillées, passez une aiguille de la grosseur des pointons que vous tirez en même temps que la dentelle afin que les jours soient bien ouverts que vos dessins ressortent bien. Vous pouvez les repasser légèrement ou les laisser sécher ; si ce sont des dentelles non montées, si vous avez fait sur vos pois du relief, il faut passer un aiguille en dessous et relever avant que vos dentelles soient sèches si vous ne les repassez pas et le faire après si vous les repassez car le fer les aplatit.

TROISIÈME PARTIE
LAINAGE AU TRICOT CROCHET

TRICOT LAINE

JE vous ai donné beaucoup de modèles de tricot dans le cours élémentaire, ils pourront vous servir à faire les brassières, les jaquettes. Vous n'aurez qu'à suivre l'indication du nombre de mailles ou d'aiguilles, ou de tours ou de rangs : cela vous fera une variété d'ouvrages.

Fig. N° 41. — Tricot pour Couverture.

Prendre deux couleurs de laine en pente 3 fils, doubler la laine, aiguilles n° 23. Montez un nombre divisible par 6. Tricotez 2 aiguilles avec la laine rose, la 1re à l'endroit, la 2e aiguille à l'envers, puis vous tricotez 4 aiguilles laine blanche, mais vous ne tricotez que 4 mailles, passez 2 mailles roses sur l'aiguille sans les tricoter, faire cela jusqu'à la fin ; la 2e aiguille blanche se fait à l'envers, vous faites de même, vous ne tricotez pas les 2 mailles roses à la 3e et 4e aiguilles non plus, prenez la laine rose et tricotez 2 aiguilles, reprenez la blanche. Vous ne tricotez pas les 2 mailles de laine rose qui se trouvent au-dessus du milieu du carré blanc afin d'intercaler les carrés. Garnissez le tour de votre couverture avec la frange tricotée ou celle au crochet, texte n° 9.

Texte n° 5. — Tricot pour Couverture.

Laine en pente 3 fils, aiguilles n° 20. Doublez la laine, prenez deux couleurs. Montez le nombre de mailles de la longueur qu'il vous faut ; le dessin est de 3 mailles.

1re *Aiguille*. 1 maille unie, 1 jeté, 1 maille rose, 2 mailles blanches ; rabattez la maille rose qu'il faut faire assez lâche sur les 2 blanches et vous recommencez 1j, 1 m. rose, 2 blanches ; vous rabattez jusqu'à la fin, il faut casser la laine rose à chaque aiguille, laissez-en assez long afin de pouvoir la nouer que ce soit solide. — 2e *Aiguille*. à l'envers. — 3e *Aiguille*. 2 mailles unies, 1 jeté, 1 maille rose, 2 blanches, rabattez la maille rose. — 4e *Aiguille*. à l'envers. — 5e *Aiguille*. 3 mailles unies, 1 jeté, 1 maille rose, 2 blanches, rabattez la rose, vous devez remarquer que le commencement de l'aiguille seul change c'est pour intercaler les jours. Il faut toujours tricoter unie la maille qui précède le jeté ; c'est celle que vous tricotez rose et que vous rabattez le jeté et la maille qui suit. Il est essentiel de tricoter la maille rose assez lâche. Si vous êtes assez habile en tricot, il faut tenir la laine blanche de la main droite et la rose de la gauche comme vous la tiendriez si vous faisiez du crochet.

Texte n° 6. — Grosses Côtes ajourées.

Vous pouvez faire ce tricot d'une seule couleur ou de deux couleurs, ce qui est plus joli.

Montez le nombre de mailles qui convient pour votre travail 1re laine blanche ; cette côte doit être à l'envers c'est dire qu'il faut 1 aiguille à l'endroit et 1 aiguille à l'envers; la 1re aiguille à l'endroit; à la 4e aiguille vous trico- tez 1 jeté, 1 rétréci, et vous tricotez 3 aiguilles; à la 4e aiguille vous changez de couleur et vous tricotez 4 aiguilles qui, à l'endroit, doivent être des mailles à l'endroit. Vous reprenez la laine blanche et faites de même.

TRICOT POUR COUVERTURE.

Fig. No 42. — Dentelle Laine tricotée.

Montez un nombre de mailles divisibles par 10 avec 1 fil et 2 aiguilles. Tricotez 1 aiguille à l'endroit, 1 à l'envers, 1 à l'endroit pour faire le bord.

1re *Aiguille.* 3 mailles à l'endroit, 1 levée, 1 rétréci, rabattre la maille levée sur le rétréci, 3 mailles à l'endroit, 1 jeté, 1 maille unie. — 2e *Aiguille.* à l'envers. — 3e *Aiguille.* 1 unie, 1 j, 2 mailles à l'endroit, 1 levé, 1 rétréci rabattre la maille levée, 2 mailles à l'endroit, 1j, 2 mailles à l'end. — 4ᵉ Aiguille. à l'envers. — 5ᵉ Aiguille. 2 à l'endroit. — 6ᵉ Aiguille. à l'envers. — 7ᵉ Aiguille. 3 mailles à l'endroit, 1 levée, 1 rétréci, rabattre la maille levée, 1 jeté,

l'endroit, 1j, 1 maille à l'endroit, 1 levée, 2 à l'endroit, rabattre la maille levée, 1 maille à l'endroit, 1 jeté, 3 mailles à l'endroit, 1j, 1 maille à l'endroit, 1 levée, 4 mailles à l'endroit. — 8ᵉ Aiguille. à l'envers. Cette dentelle peut garnir des jupons, des châles de laine.

Fig. N° 43. — Semis tricotés Flocon de neige.

Montez un nombre de mailles divisible par 8, et 4 pour les lisières dont nous ne parlerons pas. Ce travail est à fil simple, il n'a ni envers ni endroit, il se tricote toujours à l'endroit.

1ʳᵉ Aiguille. 1j, 1r, 3u, 1r, 1j, 1u, — 2ᵉ Aiguille. 1u, 1j, 1r, 1u, 1r, 1j, 3u, 1j. — 3ᵒ Aiguille. 2u, 1j, 1 levé, 1r, rabattre la maille levée, 1j, 5u, 1j. — 4ᵉ Aiguille. 2u, 1r, 1j, 1u, 1j, 1r, 3u, 1j. — 5ᵉ Aiguille. 1r, 1j, 3u, 1j, 1r, 1u, 1r. — 6ᵉ Aiguille. 1r, 1j, 5u, 1 levé, 1r, rabattre la maille levée.

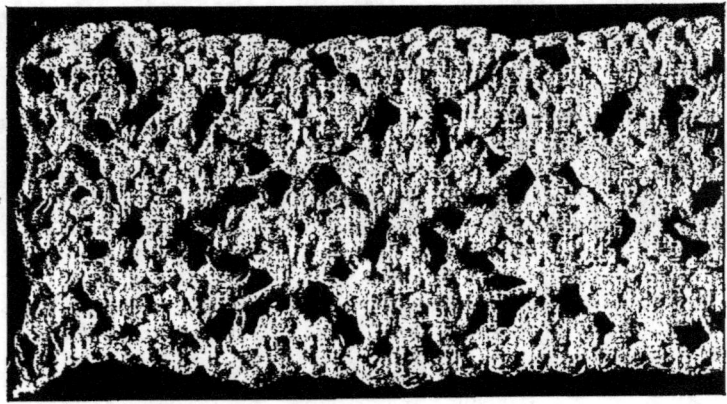

Texte n° 7. — Dentelle tricotée Flocon de neige.

Montez 14 mailles (se reporter à la *figure 10* Dentelle de fil).

1re *Aiguille.* 2u, 1j, 1r, 3u, 1r, 1j, 2u, 1j, 1r, 1u. — 2e *Aiguille.* 3u, 1j, 1r, 1u, 1j, 1r, 1u, 1r, 1j, 3u. — 3e *Aiguille.* 3u, 1j, 1u, 1j, 1 levée, 1 rétréci, rabattre la maille levée, 1j, 4u, 1j, 1r, 1u. — 4e *Aiguille,* 3u, 1j, 1r, 1u, 1r, 1j, 1u, 1j, 6u. — 5e *Aiguille.* 6u, 1j, 3u, 1j, 1r, 2u, 1j, 1r, 1u. — 6e *Aiguille.* 3u, 1j, 3àlf, 1j, 5u, 1j, 6u. — 7e *Aiguille.* fermez 4 mailles, 1j, 1r, 3u, 1r, 1j, 1r, 1u, 1j, 1r, 1u. Recommencez à la 2e aiguille.

Cette dentelle est comme le semis à fil simple, ces deux ouvrages réunis sont très jolis; je vous donne dans ce livre une écharpe que vous pouvez faire de la longueur que vous voudrez. Ce dessin est très léger, souple, il n'a pas d'envers. Doublé de soie qui fait transparent, il est riche et élégant.

Texte n° 8. — Frange crochet.

Faites 1 chaînette de la longueur que vous voudrez. Prenez la même laine que l'ouvrage qu'elle doit garnir; pourtant plus la laine est fine, plus la frange est jolie.

Faites sur la chaînette 1 point de crochet; au 1er point, faites une chaînette 17 points, fermez-les jusqu'à ce qu'il vous reste 2 points, faites 2 points de chaînette que vous prenez dans le point suivant et vous refaites la chaînette. Pour ce travail il faut de la laine fine et un gros crochet pour que la frange soit souple et légère.

Texte n° 9. — Frange tricotée.

Cette frange peut servir pour couverture de laine ou de coton pour châle, elle peut aussi garnir un tapis de table.

Montez 46 mailles; tricotez 1 aiguille à l'endroit, 1 à l'envers, 1 à l'endroit, 1 à l'envers. Fermez 40 mailles et tricotez les 6 mailles à l'endroit, l'aiguille suivante à l'envers, la 3e à l'endroit, la 4e à l'envers, la 5e à l'endroit; ajoutez à cette aiguille 40 mailles et faites de même que le 1er cordon.

Le bord doit faire 1 côte. les cordons sont attachés à la côte, à l'envers, en les entrelaçant il faut faire cela en tricotant le bord.

Ce travail est une garniture solide.

Texte n° 10. — Crochet Aka.

1er Point.

Faites une chaînette, relevez tous les points sur votre crochet, il faut un nombre impair. Coulez le 1er point, faites 1 point, coulez 2 points, faites 1 point. Le rang terminé, relevez 1 point dans le point qui est passé dans les 2 points coulés, mais avant les 2 points coulés il faut prendre le fil qui est au-dessus, puis vous relevez 1 point dans le point qui est après les 2 points coulés. Ce qui fait qu'il faut relever 1 point de chaque côté des 2 points coulés.

2e Point Aka.

Se fait comme le 1er, mais s'intercale, faites le 1er rang, comme le n° 1 relevez de même, mais au 2e rang coulez au commencement 2 points. Ce travail est plus clair.

3e Point Aka.

Se fait comme le 1er, mais il faut monter un nombre pair de points; ces points relevés, vous coulez le premier, faites 1 point, coulez 3 points, faites 1 point. Vous relevez 1 point avant les 3 points coulés, 1 point au-dessus des 3 points, 3 points coulés et 1 point après. Ce 3e point ressort plus que les 2 premiers. il faut une chaînette plus longue pour avoir autant de centimètres le travail fini.

Texte n° 11. — Point de crochet.

Montez une chaînette. Faites 2 points, laissez-en un à la chaînette, piquez au 3e point, faites 1 point et 1 point de chaînette, piquez 2 points plus loin; cassez le fil à la fin de votre chaînette.

2ᵉ rang : Faites 2 points de chaînette et piquez votre crochet sous le point de chaînette du rang précédent entre le fil qui forme biais et le point.

Vous pouvez aussi faire le même point en piquant dans le point d'avant, cela change l'aspect du travail. Le 1ᵉʳ est plus mousseux, le 2ᵉ ressort un peu.

Texte n° 12. — Crochet.

Se fait comme le précédent texte 11. mais vous piquez avant le fil, quand vous avez retiré le point, vous passez un fil de laine sur votre crochet et vous piquez après le fil. Vous avez sur votre crochet 4 fils, fermez le point en prenant le point de chaînette et faites 1 point de chaînette.

Texte n° 13. — Crochet Tunisien pris par derrière.

Pour ce genre de crochet, il faut prendre un crochet assez gros. Pour de la laine en pente 3 fils, un crochet n° 20 pris à la fillaire. Il vous faut 2 couleurs de laine. Faites une chaînette rose, relevez les points et coulez ; changez de laine, relevez et coulez. Changez de laine, ce point est le plus joli des points tunisiens.

Texte n° 14. — Crochet épais pour Couverture de Voiture ou de Berceau.

Il faut 2 couleurs de laine. Triplez la laine 3 fils, crochet n° 27. Faites une chaînette, passez la laine sur le crochet, piquez dans 1 point de votre chaînette, sortez le fil et passez la laine sur le crochet, piquez dans le même point, sortez le fil et fermez le point, faites de même tout le rang. Changez de couleur et faites le 2ᵉ rang et changez ; garnissez votre couverture avec une frange tortillée, faites une chaînette 18 points et fermez au point suivant, faites de même avec l'autre couleur de laine, sur les 2 points suivants attachez votre 1ʳᵉ chaînette et faites-en une autre de la même teinte, cela vous prend aussi 2 points ; passez votre 2ᵉ chaînette dessus le 1ᵉʳ anneau, puis dessous la 3ᵉ chaînette et attachez-la, faites de même tout le tour de votre couverture. Ce travail est solide, mais il faut nouer avec beaucoup de soin les laines.

Fig. N° 44. — Jaquette Mitou tricotée avec Transparent pour Enfant de un an.

Le dessin de cette jaquette est celui du texte n° 5, fait avec 2 teintes de laine, le dessin se compose de 2 aiguilles.

Si vous tricotez le transparent, il faut prendre de la laine en pente 2 fils. Si vous devez doubler votre jaquette avec de la soie, il faut de la laine 3 fils, des aiguilles n° 18. Il est bon que les aiguilles soient assez pointues.

Vous pouvez aussi, si vous voulez un travail très riche, prendre de la grosse soie de Chine de la teinte de la soie qui fait doublure. Vous faites avec la soie la maille indiquée dans la couverture, c'est toujours celle qui doit rabattre.

Montez 49 mailles avec 2 fils et 1 aiguille ; faites 5 fois le dessin, ajoutez 3 mailles et faites le dessin, ajoutez 3 mailles et faites le dessin, ajoutez 2 mailles et faites le dessin 11 fois en faisant ces 11 dessins, il faut fermer du côté de l'épaule 7 mailles. Fermez 18 mailles c'est l'emmanchure, faites 5 fois le dessin, à l'aiguille à l'envers ajoutez 18 mailles et faites le dessin, ajoutez 7 mailles du côté de l'épaule en faisant 11 fois le dessin.

Fermez 1 maille au 1ᵉʳ dessin, nous sommes au cou dans le dos et fermez 2 mailles au 2ᵉ dessin. Faites 12 fois le dessin, ajoutez 2 mailles au 1ᵉʳ dessin et 1 maille au 2ᵉ dessin ; fermez 7 mailles du côté de l'épaule en faisant 11 fois le dessin. Fermez 18 mailles et faites 5 fois le dessin, ajoutez 18 mailles et faites le dessin. Augmentez

7 mailles du côté de l'épaule en faisant 11 fois le dessin, fermez 2 mailles au 1er dessin, 3 mailles au 2e dessin, 3 mailles au 3e dessin et faites 5 fois le dessin.

Les mailles que l'on ferme aux épau-

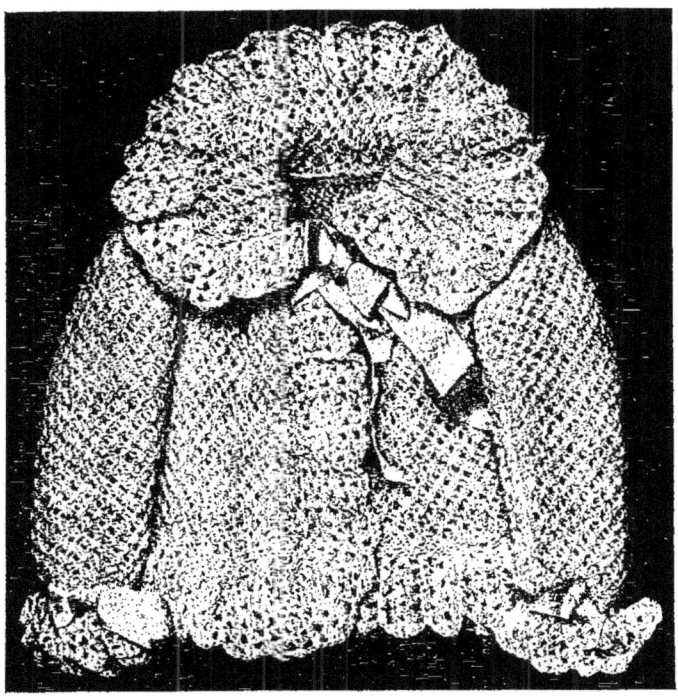

les font 2 mailles tous les 3 dessins.

COL DE LA JAQUETTE TRANSPARENTE

Montez 90 mailles, rétrécir au commencement et à la fin de l'aiguille où vous faites le dessin ; faites 4 fois le dessin, au 5e, 3 unies 1j, 1r, 1r, 1u ; rabattre la maille, faire 3 dessins 1j, 1r, 1r, 1r, 1u, rabattre la maille, faire 3 fois le dessin. Rétrécir faire de même jusqu'au bout. Au 6e dessin rétrécir au commencement, faire 4 dessins et 1j, 1r, 1r, 1r ; rabattre et faire de même jusqu'au bout. Faites 1 dessin et fermez.

1re MANCHE

Montez 49 mailles.

Tricotez le dessin sur 10 mailles et retournez l'ouvrage ; il faut augmenter 1 maille dans le haut de la manche, jusqu'à ce que vous ayez 52 mailles et descendez de 9 mailles chaque fois jusqu'à la fin de l'aiguille ; il faut bien veiller à ce que les dessins se rencontrent.

Lorsque vous avez fait 45 aiguilles dans le bas de la manche, diminuez 2 mailles dans le haut et laissez 9 mailles dans le bas, retournez votre ouvrage jusqu'à ce qu'il vous reste 49 mailles, fermez et faites 1 rang de brides ou un troutrou si vous devez garnir votre jaquette avec 1 dentelle tricotée. Alors vous pouvez la faire en même temps que votre manche, mais il faudrait la faire goder. Je vous donnerai à la suite de la brassière les

2 dentelles : 1 au crochet et 1 tricotée.

2ᵉ MANCHE

Montez 49 mailles.

Tricotez 3 dessins et retournez l'ouvrage, augmentez 2 mailles dans le haut et descendez de 9 mailles.

Lorsque vous avez tricoté 35 aiguilles dans le bas de la manche, il faut diminuer 1 maille dans le haut jusqu'à ce qu'il vous reste 49 mailles. Lorsque vous avez 45 aiguilles dans le bas, vous laissez 9 mailles et retournez l'ouvrage toutes les 9 mailles. Ce tricot ayant 1 envers et 1 endroit, on est obligé de faire les 2 manches différentes.

Faire la doublure en tricot tout à l'endroit ou la doubler avec de la soie.

Dentelle au crochet pour garnir la jaquette nº 44). Il faut faire au transparent la même qu'au-dessus. Vous la faites au col, aux manches, au bas et aux devants droits; sur la brassière.

Faites 1 bride, 3 points de chaînette et 1 bride dans le même point, laissez 1 point, passez la laine sur le crochet et faites 1 point que vous laissez sur votre crochet, passez la laine sur le crochet, faites 1 point et vous coulez les points que vous avez sur le crochet, faites 1 point piqué dans le point suivant et vous recommencez. 2ᵉ rang de même, bien mettre les brides au-dessus les unes des autres. 3ᵉ rang, faites 2 brides, 3 points, 2 brides et les boules: au 4ᵉ rang, faites 3 brides, 3 points, 3 brides et les boules. Vous pouvez faire cette dentelle aussi haute que vous voudrez. Si vous devez vous servir de cette dentelle pour un ouvrage où elle ne devrait pas goder. Vous la ferez, soit par 2 brides, soit par 3 brides mais toujours le même nombre. Vous pouvez faire la gerbe du chausson mais par 12 mailles.

Si vous doublez avec de la soie, il faut faire un volant déchiqueté à la place de la dentelle du transparent. On peut se servir du transparent pour faire une jaquette ordinaire ou faire avec la donnée des mailles une plus jolie en se servant des tricots à jours indiqués dans le cours élémentaire.

Passez un ruban au cou en dessous du col et aux manches de la teinte de la doublure. Cette jaquette est très chaude.

Fig. Nº 45. — Petits Chaussons transparents tricotés, allant avec la Brassière fig. nº 44.

Prenez les mêmes teintes. Tricotez avec la laine qui fait doublure. Vous tricotez toujours à l'endroit. Montez 20 mailles, augmentez 1 maille au commencement de chaque aiguille jusqu'à ce que vous ayez 30 mailles. Tricotez 5 aiguilles unies; diminuez 1 maille au commencement de chaque aiguille jusqu'à ce qu'il vous reste 20 mailles, ajoutez 7 mailles pour le derrière du talon, augmentez 1 maille au bout du pied toutes les 2 aiguilles jusqu'à ce que vous en ayez 32 mailles. Ne tricotez que 16 mailles (laissez les autres) pendant 16 aiguilles ; ajoutez après 16 mailles et diminuez au bout du pied 1 maille toutes les deux aiguilles. Vous avez dû faire 10 aiguilles. Fermez, reprenez les mailles que vous avez laissées, relevez 16 mailles sur le cou-de-pied et 16 mailles sur le côté; finissez votre ouvrage de la manière qui suit. Augmentez dans 1 tour uni 3 mailles, afin de pouvoir faire 7 gerbes et 2 mailles pour les lisières, 1 maille de lisière qui ne compte pas 1 jeté, 2 mailles unies 3 alf, 2 mailles unies, 2 jetés, 2 mailles unies, 3 alf, 2 mailles unies jusqu'à la fin. L'aiguille suivante se fait à l'envers, faites 3 fois de même 3 tours à l'envers et recommencez le dessin, faites 3 fois le dessin. Pour finir, faites 1 rang de brides, 1 point de marguerite, le picot.

Prenez la laine qui a fait le dessin de la brassière.

Faites la semelle du transparent et le dessin pour le dessus du chausson, celui de la brassière. Tricotez au bout du pied 8 fois le dessin. Au 2e rang, tricotez 12 fois le dessin, puis tricotez toutes les mailles que vous avez relevées autour de la semelle. Il faut que le dessus soit aussi large que le dessous. Faites la même gerbe et finissez comme la doublure.

Passez 1 ruban en prenant la doublure au bas de la jambe et au-dessus du chausson.

Faites une chaînette de 16 points et coulez les points qui sont restés sur votre crochet.

Faites 3 rangs de 8 boules dans le bas, lorsque vous avez coulé le 3e rang, faites 1 chaînette de 25 points, fermez 10 points et faites 30 rangs ; ajoutez 10 points, fermez 24 points ; faites 3 rangs, 8 boules dans le bas. Au

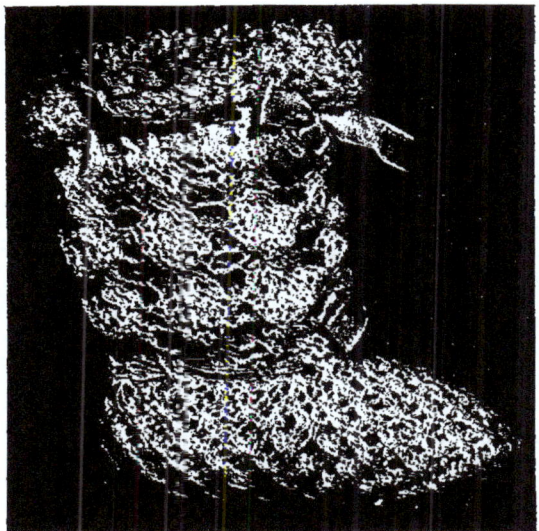

4e rang ; fermez 16 points, cassez la laine. Faites 1 chaînette de 16 points et coulez les points que vous avez sur votre crochet, faites 3 rangs et 8 boules, lorsque vous avez coulé les points du 3e rang, faites une chaînette 25 points, fermez 10 points et faites 15 rangs. Finissez par 3 rangs de boules. Au rang après les boules, lorsque vous coulez, coulez 5 points, faites une chaînette de 20 points, coulez 10 points et faites 1 chaînette de 20 points, faites-en tous les 10 points.

Texte No 15. — Jaquette Crochet tunisien pour un Enfant de dix-huit mois.

Ce travail est le crochet tunisien pris par derrière. Vous avez la description au texte 13. Vous pouvez faire le fond de la jaquette blanc et rose, mais la garniture toute blanche, laine en pente 3 fils, crochet 22.

Faites 3 rangs de boules (Voir *Manuel de Tricot*, fig. no 107, page 57). Faites 15 rangs de crochet tunisien, ajoutez 10 points, fermez 24 points. faites dans le bas pour l'ouverture 8 boules, faites 3 rangs au 2e rang, fermez 16 points et cassez la laine.

Faites 4 rangs unis et fermez ; arrivée au bas de la jaquette, faites 3 rangs de boules ; il doit y en avoir 18, il faut serrer un peu les points en fermant. Il faut 15 boules au devant droit et 27 boules au dos.

Faites l'empiècement. Il faut diminuer au 4 coins pris des manches. Faites 6 rangs, au 7ᵉ rang lorsque vous êtes au coin du devant gauche, retournez pour faire 1 rang de plus sur les épaules et le dos, puis vous retournez lorsque vous êtes au coin du devant droit, relevez les boules jusqu'au bout, il faut diminuer jusqu'à ce qu'il ne vous reste que 52 points, au dernier rang de boules, faites une chaînette de 20 points et faites les boules.

COL

Prenez 47 points, laissez la bande du devant, faites 4 rangs de crochet et 3 rangs de boules ; fermez en descendant jusqu'au bas de l'empiècement. Garnissez avec le petit picot, le tour de votre jaquette, le devant gauche excepté. Nouez les chaînettes du devant afin qu'elles fassent brandebourgs, pour passer les boutons dedans.

1ʳᵉ MANCHE

Chaînette 30 points.
Relevez 5 points, coulez. Il faut augmenter dans le haut de la manche 1 point jusqu'à ce que vous ayez 42 points ; descendez de 2 points ; il faut que vous ayez dans le bas de la manche 30 rangs.
Alors vous laissez 2 points dans le bas et diminuez 2 points dans le haut jusqu'à ce qu'il vous reste 30 points. Fermez. Faites au bas de la manche 5 rangs de boules et le petit picot.

2ᵉ MANCHE

Chaînette 30 points.
Relevez 5 points et coulez; il faut augmenter de 2 points dans le haut jusqu'à ce que vous ayez 42 points et descendez de 2 points lorsque vous avez 30 rangs dans le bas de la manche, laissez 2 points dans le bas de la manche et diminuez 1 point dans le haut ; il faut commencer à diminuer dans le haut avant de laisser les 2 points dans le bas (Voir la première

manche faite), terminez cette manche comme la première.
Faites avec de la laine bleu-pâle et bleu-marine ou tout autre couleur cette jaquette est très jolie et à la mode du jour.
Elle est très chaude. Vous pouvez la garnir avec des points de marguerite. Si vous avez des laines très fines assorties aux autres laines, doublez-les cela vous fera des marguerites panachées.

Texte n° 16. — Passe-Corridor au crochet, Laine 4 fils crochet n° 19 et pour la Dentelle crochet n° 23.

Chaînette 84 points ; faites le crochet avec une seule passe et ne prenez que la moitié du point.
Vous avez 84 brides par rang ; il faut faire 16 rangs ; au 17ᵉ rang faites 27 brides, retournez l'ouvrage, faites le 2ᵉ rang ; au 3ᵉ rang faites 27 brides et passez sur les brides suivantes en piquant et retirant le point afin qu'il n'y ait pas de hauteur, faites cela jusqu'à ce qu'il vous reste 27 brides que vous crochetez ; au rang suivant faites ces 27 brides et retournez l'ouvrage ; faites les 27 brides et passez sur les points de crochet comme vous avez fait la 1ʳᵉ fois ; finissez votre rang et ajoutez 7 points, passez sur ces 7 points et faites le rang, ajoutez à la fin 7 points et commencez la pèlerine.
Faites 2 brides, 3 brides dans le point suivant, 2 brides et laissez 2 points, vous devez avoir 14 festons ; au 2ᵉ rang faites 5 brides sur les 3 du 1ᵉʳ rang, il n'y a qu'au commencement et à la fin qu'il faut faire 3 brides parce que vous augmentez la demi-côte du devant et 5 brides l'augmenteraient trop, faites toujours de même. Il faut remarquer que tous les 2 rangs vous avez une bride en plus de chaque côté de vos festons. Faites votre pèlerine de la hauteur que vous voulez, celle-ci à 16 rangs.
Prenez le petit capuchon, pliez-le en deux et fermez-le en faisant 1 point de crochet. Faites la dentelle de la jaquette avec transparent, avec le cro-

MANUEL DE TRICOT

chet n° 23. Commencez par 2 brides tout le rang; au 2e laissez 5 festons et faites-en 13 par 4 brides; le 3e rang, faites 5 festons par 4 brides et, sur les 13 suivantes faites 6 brides, et 4 brides sur les 5 derniers; continuez en faisant autour de la pèlerine le petit picot.

Plissez le dessus de la tête de votre capuchon, enrubannez le devant et passez un ruban autour du cou. Mettez un chou au milieu de la dentelle dans le haut du capuchon. Vous pouvez aussi doubler ce passe-corridor avec de la soie, ce qui est plus élégant et plus chaud.

Fig. N° 46. — Passe-Corridor tricoté.

Pour ce travail il faut de la laine en pente, de la blanche 3 fils et de la rose 4 fils, aiguilles n° 18.

Faites 2 fois le dessin; au 3e, 4e et 5e dessins diminuer 1 maille de chaque côté et faites 15 fois le dessin.

Montez 100 mailles avec de la laine blanche. Vous servant de 2 fils et 1 aiguille (Voir texte *Tricot pour couverture*, texte 5).

Lorsque vous êtes à l'aiguille à l'envers, tricotez 30 mailles, retournez votre ouvrage et faites le dessin; chaque fois que vous revenez à la lisière, augmentez 1 maille dans les aiguilles où vous retournez, puis l'aiguille à l'envers tout entière. Du côté de l'endroit, faites de même 3o mailles, retournez votre ouvrage et faites l'aiguille à l'envers; faites une fois le dessin et refaites les 3o mailles, puis 1 fois le dessin. A l'aiguille à l'endroit faites 1j, 1r, 1u, et faites l'aiguille suivante à l'envers ; arrivée à la fin de l'aiguille, ajoutez 12 mailles et en revenant à l'envers faites 6 rétrécis dans le milieu 1r, 1u, 1r, 1u, 1r, 1u, 1r, 1u, 1r, 1u, 1r, 1u ; à la fin de l'aiguille ajoutez 12 mailles.

PÈLERINE

Faites le dessin qui suit : 1re aiguille 3u, 3dls, 3u, fer 2 mailles ; 2e aiguille à l'envers; 3e aiguille 3u, 5dls, 3 u, fer. 2 mailles; 4e aiguille à l'envers ; 5e aiguille, prendre la laine rose et tricotez 4u, 3dls, 4u, fer 2 mailles; 6e aiguille à l'endroit; 7e aiguille, prendre la laine blanche et faire le dessin.

Au commencement et à la fin de l'aiguille il ne faut faire que 3 mailles dans celle du milieu parce que le dernier côté du devant deviendrait trop large.

Recommencez le dessin, il faut faire 5 mailles dans celle qui est au milieu de la dent. A l'aiguille qui suit la laine rose, le 2e dessin blanc et le rose il ne faut faire que 3 mailles.

Lorsque vous avez 8 dessins fermez avec la laine rose et faites autour de la pèlerine le petit picot avec la laine blanche.

Fermez le capuchon du côté de l'endroit avec la laine blanche.

Faites 1 bride par 1 passe en soutenant le bord de votre capuchon, il faut que vous ayez 34 brides. Faites une ruche avec la laine blanche sur les brides, faites 6 brides par 1 passe, sur 3 brides, faites 7 brides par 2 passes sur les 8 brides du milieu, faites 8 brides par 3 passes, puis sur 3 brides 7 brides par 2 passes et sur les 10 dernières, 6 brides par 1 passe ; prenez la laine rose et relevez en prenant le demi-point, tous les points de la ruche et laissez sur votre crochet la laine pour faire des bouclettes, il faut qu'elles soient assez lâches ; relevez les bouclettes avec la laine blanche pour ce travail, vous faites 1 point de crochet en passant au milieu d'une bouclette, et en fermant votre point vous passez la bouclette suivante ; vous pouvez relever ces bouclettes avec de la soie, ce qui sera plus riche, mais alors il faudrait à la place de la laine rose qui est dans le capuchon, vous servir de soie et mettre un fil avec la laine pour le picot qui forme garniture à la pèlerine.

Fig. N° 47. — Béguin Marie-Madeleine. Ce Béguin, se commence par le Fond.

Ce béguin se commence par le fond, laine 4 fils, aig. n° 15. On ne se sert que de 2 aiguilles.

PASSE DU BÉGUIN

1re aiguille à l'endroit, 2e aiguille à l'envers, 3e aiguille à l'envers et vous tricotez 1 jeté, 1 rétréci toute l'aiguille ; 4e aiguille 1 maille à l'envers au-dessus du rétréci, 1 maille à l'endroit dans le jeté. Cela fait un joli tricot.

FOND DU BÉGUIN

Faites une boucle coulante fig. n° 51 du cours élémentaire, tricotez 7 mailles (cette rosace se fait toujours à l'endroit), ne tricotez pas les lisières, 1re aig. à l'endroit, 2e aig. 1 maille pour la lisière, 1 jeté 1 maille à l'endroit, toute l'aiguille, 3e aig. toute à l'endroit, 4e aig. la lisière, 1 jeté 2 à l'endroit, toute l'aiguille, 5e aig. à l'endroit, 6e aig. la lisière, 1 jeté, 3 à l'endroit, toute l'aiguille, 7e aig. à l'endroit, 8e aig. la lisière, 1 jeté, 4 à l'endroit, toute l'aiguille. Augmentez ainsi jusqu'à ce que vous ayez 13 mailles à chaque rayon; après l'aiguille à l'endroit fermez 1 rayon et tricotez le dessin de la passe. Faites 7 fois le dessin, plus 4 aiguilles à l'endroit et fermez. Cousez les 2 lisières de l'étoile et faites d'une oreille à l'autre 1 point de crochet puis 1 rang de brides tous les 2 points.

votre doigt pour faire 1 bouclette, puis vous passez la laine une 2ᵉ fois, et faites une 2ᵉ bouclette. Passez les 3 fils de laine dessus la 2ᵉ bouclette, faites de même dans les 4 autres

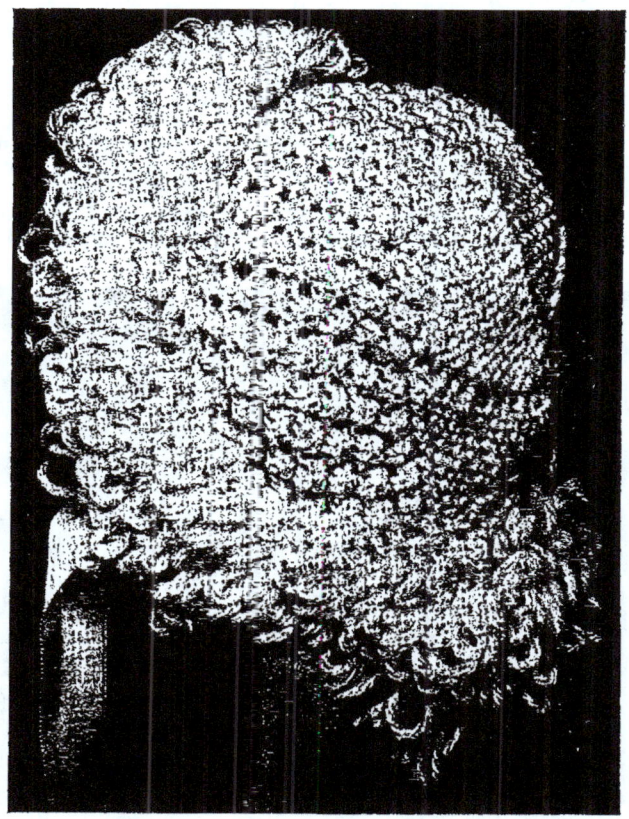

Faites 1 rang de crochet et terminez par le petit picot.

GARNITURE DU BÉGUIN

Prenez des aiguilles n° 18. Montez 6 mailles, nous allons faire des bouclettes tricotées. Ne tricotez pas la 1ʳᵉ maille, à la 2ᵉ maille piquez l'aiguille droite comme si vous deviez tricoter 1 maille à l'endroit, passez la laine sur l'aiguille et sur le bout de

mailles. Tricotez l'aiguille suivante à l'endroit, égalisez les bouclettes afin qu'elles aient toute la même hauteur. Faites la bande assez longue pour faire le tour du béguin.

Passez dans les brides au crochet un petit ruban et un ruban n° 5 ou 7 pour les brides du bonnet.

Si vous faites ce petit béguin bleu ou rose, faites le travail au crochet avec de la laine blanche, et dans la bande des bouclettes faites 3 choux blancs. Vous doublez votre laine et vous passez 4 fois la laine sur l'aiguille et le doigt, le 1er rang vous faites 1 bouclette rose, 2 blanches et 1 rose. Vous faites 2 rangs par 4 bouclettes et le 4e rang comme le 1er rang. Vous séparez les choux par 4 rangs de bouclettes de couleur. Vous mettez le chou du milieu au-dessus de la tête. Si vous faites le béguin blanc, faites les choux de couleur, mais vous pouvez le faire tout blanc, les choux se distinguent très bien.

Ce petit béguin est gracieux et très pratique.

Fig. N° 48. — Petit Collet.

Ce petit collet est pour un enfant de 5 à 6 ans. On peut l'agrandir en ajoutant des mailles sur la longueur, et des côtes pour la largeur; il est très coquet et très pratique étant chaud et léger.

blanche, il faut tricoter un côté des lisières et pas celui où se croisent les fils, il faudra faire de même au bord de vos deux collets : car votre travail fini, il faudra repasser le bord et détri-

Il est fait avec deux teintes de laine (blanche et rose) en pente 3 fils et des aiguilles n° 20. Vous l'enrubannez en passant dans les brides, sous la ruche, un ruban rose et vous faites un nœud assez volumineux.

Montez 6 mailles avec la laine rose, faites 4 aiguilles et 4 avec la laine coter 5 mailles pour faire des franges. Faites 20 fois de même, plus 10 aiguilles roses que vous relevez en ne prenant que la demi maille pour n'en faire qu'une seule, relevez sur votre bande 40 mailles avec la laine blanche, il faudra augmenter près du cou 2 mailles dans les côtes blanches et 1 dans les roses jusqu'à ce que vous ayez 58 mailles. Nous faisons le grand collet 1re aig. à l'envers, 2e aig. à l'endroit, 3e aig. à l'envers, 4e aig. à l'endroit, tricotez 40 mailles; 5e aig. retournez l'ouvrage, 1 maille sans la tricoter et serrez le fil, faites 1 jeté, 1 rétréci, jusqu'à ce qu'il vous reste 6 mailles que vous tricotez toujours à l'endroit, 6e aig. à l'endroit, tricotez 41 mailles, 7e aig., retournez l'ouvrage et tricotez à l'envers, 8e rang à l'endroit. Changez de laine, 9e aig. à l'endroit, 10e aig. à l'envers, tricotez 41 mailles, 11e aig. retournez l'ouvrage et tricotez à l'endroit, 12e aig. à l'envers, ceci forme 1 côte en faire 2 avant d'augmenter. Il vous en faut 30 dans le collet, vous diminuez comme vous avez augmenté et à la dernière côte qui doit être blanche, vous descendez en faisant 1 aiguille à l'endroit, arrivé aux 6 dernières mailles, vous prenez la laine rose pour faire 10 aiguilles, vous relevez les mailles pour n'en faire qu'une seule, continuez la petite bande en prenant 1 maille sur votre collet, il faut que ce côté soit pareil au premier.

AUTRE PETIT COLLET

Faites la bande de 6 mailles et terminez-la comme au grand, il faut relever sur votre bande 24 mailles, ne pas faire la bande plus longue. Vous augmentez et diminuez de même, mais les côtés ne se font pas pareils, il faut tricoter les côtes blanches jusqu'en haut et les roses. Vous retournez lorsqu'il vous reste 7 mailles et à la dernière aiguille vous vous arrêtez lorsqu'il vous reste 6 mailles, afin que dans le haut il n'y ait qu'une aiguille de laine rose.

Il faut 24 côtes dans le petit collet et vous le terminez comme le premier. Il faut lorsque vous changez de laine, tricoter la 1re aiguille à l'endroit.

A votre grand collet faites un rang de point de crochet en soutenant le bord et faites toujours avec la laine rose. Faites sur ces points 50 brides par 1 seule passe, cousez le petit collet au pied de ces brides, soutenez les côtes, il faut faire disparaître la laine rose.

Faites avec la laine blanche une ruche sur la 1re bride, faites 7 brides par 1 passe, laissez 1 bride entre chaque tuyau, faites 7 fois de même, sur la 8e bride faites 8 brides par 2 passes, il faut faire 11 fois de même et 7 fois comme les premières.

Relevez sur la ruche en ne prenant que la 1/2 maille avec 1 crochet n° 22 et la laine rose, 1 point pour faire des bouclettes et vous les coulez avec la laine blanche, il faut faire cela très légèrement et pas serré. Vous pourrez, si vous voulez, faire une bande au crochet tunisien de la grosseur du cou.

Vous terminez de même le collet qui est dans mon manuel *140 modèles*.

Fig. N° 49. — Gant Tatanou.

Laine 6 fils, aiguilles n° 12, dessin fig. n° 8, cours élémentaire. Montez avec 1 fil et 2 aiguilles 80 mailles et faites la côte par 1 maille. Tricotez 25 tours et faites la côte tordue, 30 tours au dernier; il faut plier votre ouvrage et tricoter le bord de votre ouvrage avec les mailles qui sont sur vos aiguilles pour faire le poignet double. Commencez le dessin faites-le 7 fois, prenez 12 mailles et montez sur des aiguilles 12 mailles, cela fait 8 mailles sur chaque aiguille, tricotez tout à l'endroit, faites 10 tours et faites 2 diminutions du côté de l'intérieur de la main. Tricotez encore 15 tours et faites de même; lorsque vous aurez 40 tours, fermez en faisant 4 diminutions par tour jusqu'à ce que votre pouce soit fermé.

Il serait bon d'essayer avant de fermer le pouce, voir s'il est assez ou trop grand.

Le pouce terminé, relevez sur votre aiguille les 12 mailles que vous avez montées pour faire la moitié du pouce et faites 8 fois le dessin, commencez l'index; prenez 20 mailles et ajoutez-en

4 dans l'intérieur du droit ; tricotez à l'endroit à la longueur de votre doigt. Faites de même pour les autres doigts, vous prenez les 4 mailles que vous côté ; il faut tricoter assez serré afin que le dessin ressorte et que les gants soient chauds.

Vous pourrez les faire avec de la

avez mises en plus et vous en ajoutez autant de l'autre côté du doigt, faites de même pour l'annulaire. L'auriculaire est plus étroit parce que vous n'ajoutez pas de mailles.

Vous faites l'autre gant en veillant à ce que le pouce ne soit pas du même laine blanche ou noire, et si vous les faisiez avec deux teintes de laine, ce serait au dessin qu'il faudrait mettre la deuxième teinte et tricotez les doigts mailles à l'endroit avec la teinte foncée.

Fig. N° 50. — Genouillère pour Homme.

Montez avec 2 fils et 1 aiguille assez longue ayant une boule à l'extrémité, 96 mailles laine cycle, aiguilles n° 12 pour les côtes et n° 15 pour le genou qui se tricote toujours à l'endroit. Les côtes se font par 2 mailles à l'endroit, 2 mailles à l'envers, ceci est la jarretière du bas, tricotez 50 aiguilles.

Pour le 2ᵉ côté, jarretière du haut, montez 106 mailles et vous tricoterez 50 aiguilles. Lorsque l'un est fait, vous passez sur une aiguille n° 15 et faites de même du 2ᵉ côté; au dernier côté vous ajoutez 12 mailles, la 12ᵉ maille vous la prenez avec la 1ʳᵉ maille de l'autre aiguille et vous retournez votre ouvrage. Tricotez 4 aiguilles par 12 mailles, c'est une partie du dessous du genou. Tricotez 1 aiguille en prenant 1 maille sur les côtes de chaque côté afin d'élargir votre travail. La 2ᵉ fois vous prenez la dernière maille du genou avec la maille sur les côtes, faites de même des deux côtes et jusqu'à ce qu'il vous reste 8 mailles pour la moitié de vos côtes. Il faut que vous ayez pour le dessus du genou 54 mailles, et il faut rétrécir sur le côté où vous avez 106 mailles en prenant 2 mailles sur les côtes au lieu de 1 maille, cela dans chaque moitié doit se faire 5 fois. Les 16 mailles du milieu doivent se tricoter, 1 maille de côte avec 1 maille du genou simplement pour fermer. Après le dessus du genou, vous tricotez 1 maille de côte et 2 mailles sur le genou. Vous prenez ces 3 mailles ensemble la 2ᵉ aiguille, fermez sans rétrécir. Lorsqu'il vous reste 12 mailles vous ne rétrécissez plus. Lorsque vos côtes sont terminées, fermez le genou et cousez solidement vos deux lisières.

La jarretière du bas a à peu près 36 centimètres de large; celle du haut, 45 centimètres. Cela peut vous guider si vous les voulez plus ou moins larges.

Texte N° 17. — Pantalon Pointure Femme côté gauche.

Laine cycle irrétrécissable, aiguilles n° 12. Montez 90 mailles avec 2 fils et 1 aiguille. Faites la côte simple, montez 30 mailles sur 3 aiguilles, tricotez 50 tours. Tricotez à l'endroit 55 tours et faites la côte anglaise. 1ᵉʳ tour : passez la laine comme si vous deviez tricoter 1 maille à l'envers, laquelle maille vous passez sur l'aiguille droite sans la tricoter, passez votre fil autour de votre aiguille et tricotez la maille à l'envers; 2ᵉ tour : tricotez la maille à l'endroit, passez le fil comme si vous deviez tricoter la maille à l'envers, laquelle maille vous la passez sur l'aiguille droite sans la tricoter. Vous laissez le fil sur la maille et vous tricotez la maille et le fil suivants à l'endroit, faites le tour de même ; de cette manière on peut faire la côte anglaise dans un ouvrage cylindrique. Il ne faut pas oublier qu'il faut faire 2 tours pour en tricoter seulement un. Tricotez 10 tours, augmentez de 1 maille. A la fin d'une aiguille, faites 1 maille à l'envers et augmentez 1 maille.

Il faudra toujours augmenter dans cet endroit; lorsque vous avez augmenté 18 fois, la jambe est terminée. Vous ne tricotez plus en cylindre, il faut retourner votre ouvrage et il faut aussi tricoter les lisières, le travail est plus élastique et casse moins. Augmentez 1 maille mais d'un seul côté, au commencement de la 1ʳᵉ aiguille, du côté de l'endroit et vous faites la côte anglaise comme elle est indiquée au cours élémentaire page 11. Tricotez 12 aiguilles, il faut augmenter 5 fois de même; ici cessent les côtes. Tricotez 84 aiguilles toujours à l'endroit. Fermez 10 mailles du côté où vous n'avez pas rélargi, c'est le devant du pantalon et divisez le reste de vos mailles par 20, et fermez ce nombre de mailles chaque fois que vous retournez votre ouvrage.

En faisant les deux jambes pareilles, vous aurez un pantalon très chaud. Faites la ceinture avec de la bonne flanelle.

Texte n° 18. — Écharpe, Flocon de Neige.

Avant de commencer ce travail, il faut apprendre les figures 43 et texte 7; il est fait avec de la laine en pente 3 fils, des aiguilles n° 20. Tricotez la dentelle de la longueur que vous voudrez votre écharpe, et relevez sur la lisière autant de mailles que vous avez de points; prenez le fil de devant. Tricotez une ou deux dents pour les coins ou reportez-vous à la manière de faire les coins; ce qui est plus joli que de froncer; tricotez les dentelles des bords en même temps que le semis, et lorsque vous aurez votre écharpe assez large, fermez votre ouvrage en continuant votre dentelle.

Si vous voulez faire un châle, vous faites votre travail carré.

Cette écharpe doublée de soie est très chaude; faite avec de la laine 2 fils et des aiguilles n° 18, elle est plus légère.

Vous pouvez tricoter votre écharpe assez haute et reverser sur l'endroit une certaine hauteur, ce qui est plus joli que de laisser la dentelle dans le haut il faut alors veiller, lorsque vous fermerez le semis avec la dentelle, de prendre vos mailles du côté opposé où vous avez monté le semis.

Cette écharpe est très élégante, mais elle est assez difficile à faire.

Texte n° 19. — Manteau d'Enfant au crochet.

Laine 2 fils en pente, crochet n° 18. Faites une chaînette de 60 p., cassez la laine. 1ᵉʳ rang, laissez 9 p.; faites 2 barrettes dans le même point, laissez 2 p. faire de même jusqu'au 9 dernier p.; 2ᵉ rang, laissez 6 p.; faites 2 barrettes dans le 1ᵉʳ p. et 4 barrettes dans les autres, 2 barrettes dans les dernier, vous laissez 6 p. 3ᵉ rang. Les barrettes réunies se nomment groupes. Faites 6 barrettes dans les groupes 1, 3, 6, 9, 12, 15, 18, 20. Dans les autres vous faites toujours 4 barrettes. 4ᵉ rang, faites 2 groupes de 4 barrettes, là où il y en a 6. 5ᵉ rang, faites 6 barrettes dans les groupes 3, 7, 11, 16, 20, 24. 6ᵉ rang, faites 2 groupes de barrettes où il y en a 6. 7ᵉ rang, faites 6 barrettes dans les groupes 5, 10, 15, 20, 25, 30. 8ᵉ rang, faites 2 groupes de 4 barrettes où il y en a 6. 9ᵉ rang, faites 6 barrettes dans les groupes de 5, 12, 29, 36. 10ᵉ rang, faites 2 groupes de barrettes où il y en a 6. 11ᵉ rang, simple. 12ᵉ rang, faites 6 barrettes dans les groupes 6, 14, 31, 39. 13ᵉ rang, faites 2 groupes de 4 barrettes là où il y en 6. 14ᵉ rang, faites 8 groupes, laissez 8 groupes, faites 16 groupes, laissez 8 groupes, faire 8 groupes. 15ᵉ rang, par 4 brides mais faites 1 groupe de plus pour le sous-bras. Faites 16 rangs.

MANCHE

Faites 14 tours de 12 groupes, puis 12 tours de 6 groupes de 4 barrettes.

COL

Faites 20 groupes de 4 barrettes, faites 5 rangs, puis 3 rangs de

20 groupes par 6 barrettes, faites tout le tour du petit manteau, des groupes de 4 barrettes; mais vous faites 2 barrettes 3 p. 2 barrettes et au bord du col, 3 barrettes 3 p. 3 barrettes de même aux manches par 4 barrettes.

Ce petit manteau doublé de soie est très chaud et facile à mettre. Vous passez un ruban dans les premiers groupes pour le fermer.

Fig. Nº 51. — Coiffure pour Dame âgée.

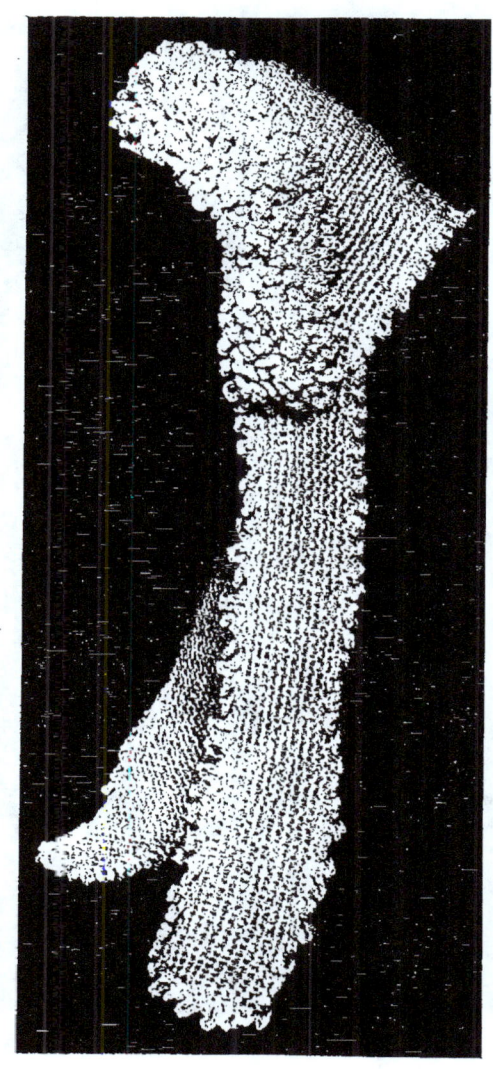

Ce travail se fait au crochet tunisien pris dans la bouclette, laine en pente 4 fils, crochet 21.

Faites une chaînette 190 p. Il faut augmenter de 1 p. tous les 2 rangs, relevez et coulez 5 fois. Relevez 125 p, Coulez-en 50, il ne faut travailler que sur 50 p. à partir de ce rang et diminuer de 1 p. de chaque côté pendant 10 rangs. Faites 10 rangs en ne diminuant que tous les 2 rangs. Faites 5 rangs en ne diminuant tous les rangs toujours de chaque côté. Relevez et coulez 66 p.; faites une chaînette de 10 p. pour faire des bouclettes sur crochet tunisien jusqu'à ce qu'il vous reste 66 p., relevez les points des bouclettes, coulez en faisant un 2e rang de bouclettes; coulez tous les points. A partir de ce rang, il faut diminuer 1 p. de chaque côté tous les 2 rangs. Faites de même 5 fois, fermez tout. Faites tout le tour de la coiffure 1 rang de bouclettes par 8 points tous les 2 p.

Si la personne pour qui serait la coiffure ne craignait pas le froid aux oreilles, on peut supprimer 10 bouclettes de chaque côté tous les 2 rangs, ce qui rendrait la garniture plus élégante, on peut aussi se servir de la laine pompadour ce qui rendrait la coiffure plus riche, il faudrait plus de points et plus de rangs car la laine est plus fine. Doublez la coiffure avec de la soie.

Fig. Nº 52. — Capote Laine au Crochet.

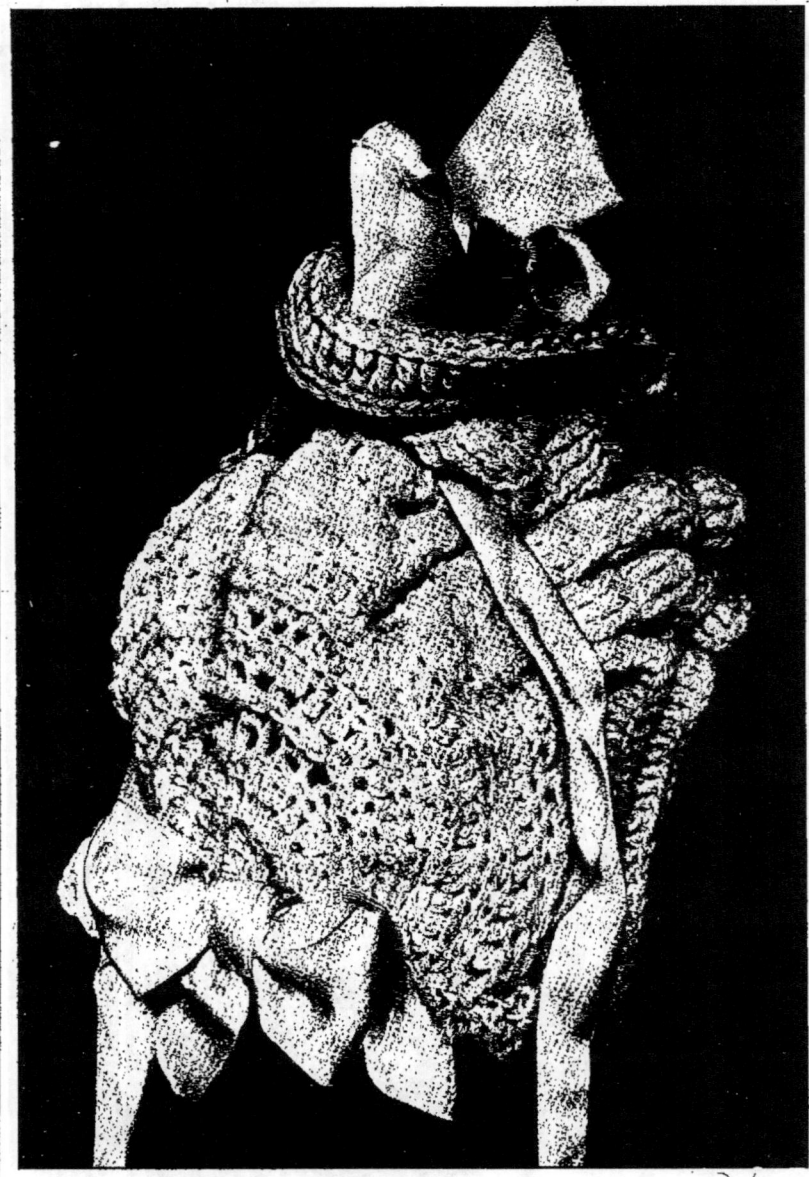

Laine en pente 4 fils, crochet nº 23. Ce travail est le p. ordinaire, mais vous passez le fil de laine sur le crochet et vous coulez le fil et le point ensemble ; il faut casser le fil à chaque rang et piquer le crochet dans le fil qui est derrière la chaînette.

Chaînette 9 p. 1er rang, 1 p. simple, 2 points dans un jusqu'au dernier qui se fait simple ; 2e rang, 3 p. simples, 2 dans 1, faire de même jusqu'au 3 derniers p. qui se font simples ; 3e rang, 4 p. simples, le reste comme le 2e rang ; 4e rang, 6 p. simples, 3 p. par 2, 1 p. simple ; faire de même jusqu'aux 6 derniers p. ; 5e rang, 6 p. simples, 1 p. par 2, 1 p. simple, faire de même jusqu'au 6 derniers p.; 6e rang simple ; 7e rang, 7 p. simples, 1 p. par 2, 2 p. simples jusqu'aux 7 derniers p. ; 8e rang simple. 9e rang comme le 7e rang ; 10e rang, laissez 14 p. et faites des points simples jusqu'aux 14 derniers p. ; 11e rang, commencez ce rang 10 p. plus loin que le précédent, faites des points simples jusqu'aux 10 derniers points ; 12e rang tout entier.

13e rang, faire 2 p. dans 1, dans 14 p. à partir de ces 14 p. et jusqu'au 14 derniers p., passez votre laine dans le fil que vous avez jeté sur le crochet et faites un second point dans le point qui est sur votre crochet, faites 2 p. dans 1.

14e rang, faire de même que le 13e, mais ne pas augmenter.

15e rang, laissez 30 p. faire 2 p. par 1 bride, terminez le rang par 2j sur le crochet jusqu'aux 30 derniers p. Faire le 16e rang comme le 14e. Faites 1 p. de chaînette tout le tour de la capote, mais à l'envers ; faire de même à l'endroit. Si vous devez enrubanner votre capote en couleur, faites ce dernier travail de la couleur du ruban, faites derrière la capote le petit picot. Plissez le devant de votre capote et enrubannez-la.

Fig. N° 53. — Rabat de Juge au tricot.

Laine 3 fils, aig. n° 18.

Mettez 60 mailles avec 2 fils et 1 aig. Cette côte fleurie est de 6 p. 1er aig. 1 m. tordue, 1e, 2 alf, 1u, 1e ; 2e aig. 1u, 2e, formez 1 m. au pied de la suivante, 1u, 1e, tordue. 3e aig. 1 tordue, 1e, 1u, 2 alf, 1e ; 4e aig. 1u, formez

jolies brassières, bas, guêtres ou jupons.

Texte n° 20. — Rabat de juge au crochet tunisien pris par derrière.

Laine 4 fils, crochet 25.

1 m. au pied de la suivante, 2e, 1u, 1e tordue. Faites votre rabat aussi long que vous voulez, il faut fermer votre travail après l'aiguille où vous avez rétréci. Cousez. Faites à chaque extrémité une dentelle. Ce dessin ferait de

Chaînette 41 p. pour grande personne, il faut 110 rangs. Terminez par la dentelle du capulet ; les dents sont séparées par une boule, il faut 4 dents ; commencez et finir par une boule. Ne pas faire plus de 6 brides à chaque dent.

QUATRIÈME PARTIE
OUVRAGES TRICOTÉS AVEC DES FILS DE COULEUR

Fig. N° 34. — Petite botte lacée, tricotée.

Ce travail est fait avec du fil Météore Perlé L. V. bleu pâle, nuance 262, et ivoire ; il faut 3 écheveaux de chaque

mentez, il faut) 10 carrés au 13e, 11 au 14e, 12 au 15e, 12 au 16e, 12 au 17e (diminuez), 11 carrés au 18e, 9 à la fin

nuance, et vous servir des aiguilles n° 12.

du 19e, 6 à la fin du 20e carré, fermez.

Semelle

Montez avec les 2 fils, 12 mailles.

Augmentez à chaque aig. au commencement et à la fin dans le blanc et dans le bleu de manière que vous ayez 7 carrés au 1er rang, 12 carrés à la fin du 2e, 13 carrés au 3e, 15 au 4e, 16 au 5e (au 6e il faut diminuer), 5 carrés au 6e, 14 au 7e, 13 au 8e, 2 au 9e, 11 au 10e, 10 au 11e, 9 au 12e (aug-

Claque.

Montez 16 mailles.

Tricotez 2 mailles bleues et 2 mailles blanches, faites 4 aig. pour 1 carré et changez de couleur. Augmentez au commencement et à la fin dans toutes les aiguilles bleues et quelquefois dans les blanches ; il faut que vous ayez 64 mailles lorsque vous avez 5 carrés de haut.

Tricotez 27 mailles retour, tricotez

2 1 m re l'ou, tricotez 17 m, re l'ou, tricotez 14 m. re l'ou, faites l'autre côté de même, et lorsqu'il est fini, tricotez l'aiguille à l'envers avec le fil bleu et fermez avec le même fil.

Tige.

Montez 92 mailles avec les 2 fils. 1re aig. à l'envers, 2e aig. 10 m. re l'ou, tricotez 14 m re l'ou, tricotez 54 m re l'ou, tricotez 20 m. re l'ou, tricotez-les toutes, à l'envers, tricotez 10 m re l'ou, 14 m re l'ou ; tricotez-les toutes.

En changeant les carrés de teinte, veillez à ce que celui du milieu reste toujours bleu afin de faire une petite bande bleue ; il faut rétrécir ou augmenter de chaque côté.

Lorsque vous avez 3 carrés, aug. de 1 m. au commencement et à la fin de l'aiguille et rétrécissez 1 m. de chaque côté de la petite bande bleue, l'aiguille suivante unie, la 3e de même que la 1re aig.

Lorsque vous avez 5 carrés, faire de même qu'au 4e. Lorsque vous avez 7 carrés, augmentez de chaque côté de votre petite bande, et au commencement et à la fin de l'aiguille ; faites 2 aig., aug. encore, au 9e carré tricotez 2 m, 1r, 2j, 1r, aug. de 1 m, de chaque côté de la petite bande, à la fin de l'aiguille lorsqu'il vous reste 6 m ; faites 1r, 2j, 1r, 2 unies. A l'aig. suivante qui est à l'envers, tricotez jusqu'à ce qu'il ne vous reste que 6 m re l'ou, tricotez 2 m, 1r, 2j, 1r, aug. 1 m. de chaque côté de la petite bande. Arrivé à la fin de votre aiguille, laissez les 6 dernières mailles re l'ou, tricotez 2 m, 1r, 2j, 1r, à l'envers lorsqu'il ne vous reste que 12 m ; tricotez à l'envers avec le fil bleu, en retournant votre ouvrage ; fermez 12 mailles, tricotez jusqu'à ce qu'il vous reste 12 m. et tricotez-les avec le fil bleu re l'ou, et tricotez à l'envers un peu lâche ces 12 mailles ; passez-les sur l'aig. droite et fermez ces mailles de gauche à droite, en passant les mailles les unes sur les autres tricotez votre tige avec 38 mailles, faites les lisières avec le fil bleu et faites des œillets à tous les carrés ; lorsque vous avez tricoté 6 carrés, faites 1 aig. à l'endroit, 1 à l'envers avec le fil bleu et fermez avec le même fil.

Cousez les claques sur les tiges avec du fil bleu près des mailles que vous avez rabattues, montez votre botte avec votre semelle. Vous pouvez doubler vos petites bottes soit avec du coutil ou avec de la soie et mettre une petite semelle de peau ; ces souliers sont très solides. Vous pouvez les faire monter par un cordonnier.

Fig. N° 55. — **Cabas fait avec de la Ficelle.**

Ce cabas est très pratique, facile à tenir propre et contient beaucoup de choses. Il s'étend en longueur ou en largeur selon les objets que l'on met dedans. Il faut des aiguilles n° 18 et il en faut 4. On peut le faire avec du fil de Bretagne n° 10, mais le plus joli fait avec de la ficelle, il est plus pratique pas doublé. Le dessin est 3 mailles à l'endroit, 3 mailles à l'envers. Il faut faire 6 aiguilles et vous changez les mailles. Vous tricotez des mailles à l'endroit au-dessus des mailles à l'envers et des mailles à l'envers au-dessus des mailles à l'endroit.

Pour les poignées, montez avec 2 fils et 1 aiguille 60 mailles et tricotez 8 aiguilles et fermez. Il vous faut 2 poignées.

Pour le cabas, montez avec 2 fils et 1 aiguille 52 mailles, et faites vos carrés, il en faut 4 de haut. Relevez les mailles tout le tour, il vous faut 18 mailles sur les petits côtés. Tricotez 3 tours à l'envers et commencez vos carrés. Vous devez avoir sur 2 aiguilles 15 carrés et sur la 3e aig. 16 carrés. Il faut en tricoter 9 de haut et prendre vos poignées. Il faut les placer aux côtés plats et laissez entre les 2 poignées 10 carrés, 2 carrés pour prendre la poignée et 9 carrés entre les 2 côtes d'une poignée, puis 2 carrés pour la poignée, 10 entre les 2 poignées, 2 pour l'autre poignée, 9 carrés entre la poignée et 2 carrés pour la poignée. Tricotez 3 tours à l'envers et faites 1 jeté, 1 rétréci; tout le tour il faut prendre de temps en temps sur ce tour 3 mailles unies à la 5ᵉ aig., fermez 2 mailles, et l'aiguille suivante unie. Il faut faire les rétrécis, 2 jetés et le rétréci; chaque fois que l'on y revient, l'aiguille suivante de ces 2 jetés se tricote, 1 maille

afin que cela ne rélargisse pas trop. Le tour suivant à l'endroit, il faut 7 tours de jour, tricotez 3 tours à l'envers. Ajoutez au commencement d'une aiguille 7 mailles, tricotez 2 unies, 2 jetés, 1 unie, 1r, 2j, 1r, la dernière maille et la 1ʳᵉ du cabas les prendre ensemble, il faut en prendre 3 toutes les 3 fois que l'on y revient il faut prendre sur le cabas 2 mailles; tricotez 3 aiguilles à l'endroit, 1 maille à l'envers. Faites tout le tour de votre panier et fermez.

Tournez autour de vos 4 doigts la ficelle. Faites 25 tours, 30 si vous voulez vos glands plus gros. Faites 1 chaînette de la largeur du cabas, passez dans le jour que vous avez fait et faites un autre gland que vous attachez au fil.

Réunissez les 2 glands en faisant

1 nœud avec les deux extrémités de la chaînette. Faites l'autre chaînette que vous contrariez en passant dans votre jour.

Fig. N° 56. — Panier à bonbons forme bateau.

Ce panier qui est coquet peut se faire de deux manières, je le donne pour qu'il puisse contenir un petit ouvrage. Mais je donne les deux descriptions.

Prenez du fil orangé L. V. du perlé, parce qu'il se tient mieux, pour la

Tricotez 1 aiguille, à la 2ᵉ aig. tricotez 57 mailles, retournez l'ouvrage, tricotez 53 mailles, retournez l'ouvrage, puis 49, 47, 45, 43, 41, 39, 37, 35, 33, 31 mailles, puis vous les tricotez toutes et vous faites 1 aiguille. Il faut faire

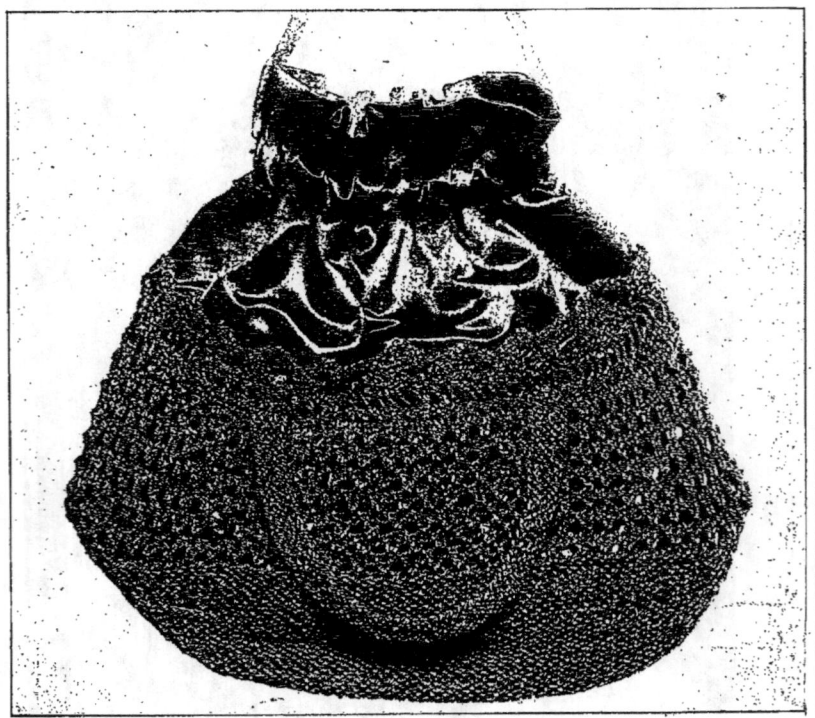

2ᵉ description, prenez du Luciol L V., d'un joli vert mousse.

Pour le panier à bonbons, montez pour la poignée 6 mailles, 1 unie, 1 rétréci, 2 jetés, 1 rétréci, 1 unie. Il faut tricoter les lisières, la 2ᵉ aiguille se fait unie. Il faut que vous ayez 72 jours, fermez. Faites 2 poignées de même (Voir les derniers §).

Pour le panier, montez 60 mailles. Tricotez toujours à l'endroit.

3 fois de même, puis vous faites 6 aiguilles, mais vous faites 1 augmentation toutes les 2 aiguilles et vous n'allez jusqu'à la fin que les 2 aiguilles du milieu afin que votre travail fasse bien la pointe et vous recommencez l'indication suivante que vous faites 3 fois. Diminuez 1 maille au commencement de l'aiguille.

Tricotez 48 mailles, retournez l'ouvrage, tricotez 30 mailles, retournez

32, 34, 36, 38, 40, 42, 44, 46, 48. 50, 52, 54, 56 mailles, tricotez-les toutes et recommencez.

Lorsque vous commencez votre ouvrage à la 3ᵉ aiguille, il faut prendre 1 poignée sur 5 mailles, laissez 20 mailles entre les 2 extrémités de la poignée. Et pour la 2ᵉ poignée vous faites de même ; avant les 3 dernières aiguilles, fermez. Faites tout le tour de votre petit bateau un petit picot.

Passez dans les jours des poignées un petit ruban blanc, puis mettez un carton dans le fond de votre bateau ; doublez-le de soie blanche. Faites 1 ourlet de 6 à 7 centimètres dans lequel vous ferez un 2ᵉ point pour faire coulisse et passez dedans un ruban jaune nº 3 allant avec votre fil.

Ce petit panier est original et coquet, on peut s'en servir pour mettre des ouvrages légers.

2ᵉ panier plus sérieux, mais qui peut aussi servir pour mettre des bonbons. Il est plus pratique que le 1ᵉʳ, pour contenir un ouvrage, mais il est moins séduisant.

Lorsque le bateau est terminé, ne mettez pas les poignées à la place indiquée. Relevez sur votre lisière car il faut fermer votre travail pour la régularité ; relevez sur le fil de l'intérieur et tricotez 1 jeté, 1 rétréci tout le tour et tricotez 3 tours à l'endroit. Faites de même 7 fois, faites 2 tours à l'envers au 2ᵉ tour, prenez les poignées comme dans le précédent et faites encore 1 tour à l'envers.

Ajoutez 7 mailles pour faire la dentelle suivante.

1ʳᵉ aig. unie ; 2ᵉ aig. 6 unies, 2 jetés, 2 unies ; 3ᵉ aig. 3 unies, 1 envers, 1 unie, 1 rétréci, 2 jetés, 1 rétréci, 1 unie et prenez la dernière maille avec la 1ʳᵉ et, tous les 3 rétrécis il faut prendre sur le panier 2 mailles, il faut faire cela chaque fois que vous revenez ; 4ᵉ aig. 3 unies, 1 envers, 3 unies, 2 jetés, 1 rétréci, 1 unie ; 5ᵉ aig. 3 unies, 1 envers, 2 unies, 1 rétréci, 2 jetés, 1 rétréci, 1 unie. 6ᵉ aig. 3 unies, 1 envers, 4 unies, 2 jetés, 1 rétréci, 1 unie ; 7ᵉ aig. 3 unies, 1 envers, 3 unies, 1 rétréci, 2 jetés, 1 rétréci, 1 unie ; 8ᵉ aig. 3 unies, 1 envers, 8 unies ; 9ᵉ aig. fermez 4 mailles, 2 unies, 1 rétréci, 2 jetés, 1 rétréci, 1 unie, recommencez à l'aiguille nº 1, faites tout le tour.

Passez un ruban nº 3 d'un joli cerise et doublez avec du satin de même teinte. Coupez un carton allant d'un bord à l'autre du bateau.

Pour les poignées, montez 60 mailles avec 2 fils et 1 aiguille. Tricotez 7 aiguilles et fermez.

Vous pouvez si vous voulez rendre votre panier plus coquet, passer un ruban comète de la teinte de l'autre dans le 1ᵉʳ jour au-dessus de la coque et mettre un flot de ruban de chaque côté.

Fig. Nº 57. — Panier à bonbons forme carrée rose et blanc.

Fil Perlé, aiguille nº 14.

Pour les poignées, montez avec 2 fils et 1 aiguille, 8 mailles, tricotez 8 aiguilles, fermez.

Pour le panier, montez 25 mailles, tricotez 50 aiguilles, toujours à l'endroit, relevez 25 mailles de chaque côté, tricotez 2 tours à l'envers, 1 jeté, 1 rétréci tout le tour, 3 tours à l'endroit, faites 6 fois de même. Ne tricotez qu'une aiguille, ajoutez de chaque côté 2 mailles pour faire la petite dentelle du panier-valise. Après la dentelle, tricotez 1 jeté, 1 rétréci toute l'aiguille, l'aiguille suivante à l'envers, la 3ᵉ à l'endroit, la 4ᵉ à l'envers. Ici il faut commencer à diminuer 2 mailles à chaque dessin dans l'aiguille à l'envers, entre la dentelle et les jours jusqu'à la fin ; aux derniers 2 rangs de jours, vous diminuez 4 mailles. Lorsqu'il reste 22 mailles à l'aiguille à l'endroit, prenez les poignées à deux pointes.

Pour le garnir, prenez du satin, vous doublez des deux côtés le petit carré, puis de la mousseline à patron. Vous doublez le satin que vous cousez tout le tour du fond en soutenant les coins afin qu'il fasse bouffant entre les pointes de la dentelle. Faites une coulisse. Les pointes doivent border le

1er point de la coulisse et passez un ruban satin assorti à la doublure.

Tous ces ouvrages faits avec les fils I. V. Broderie parisienne, Luciole ou Perlé, sont faciles à tenir propres. Je vous donne la manière de les laver.

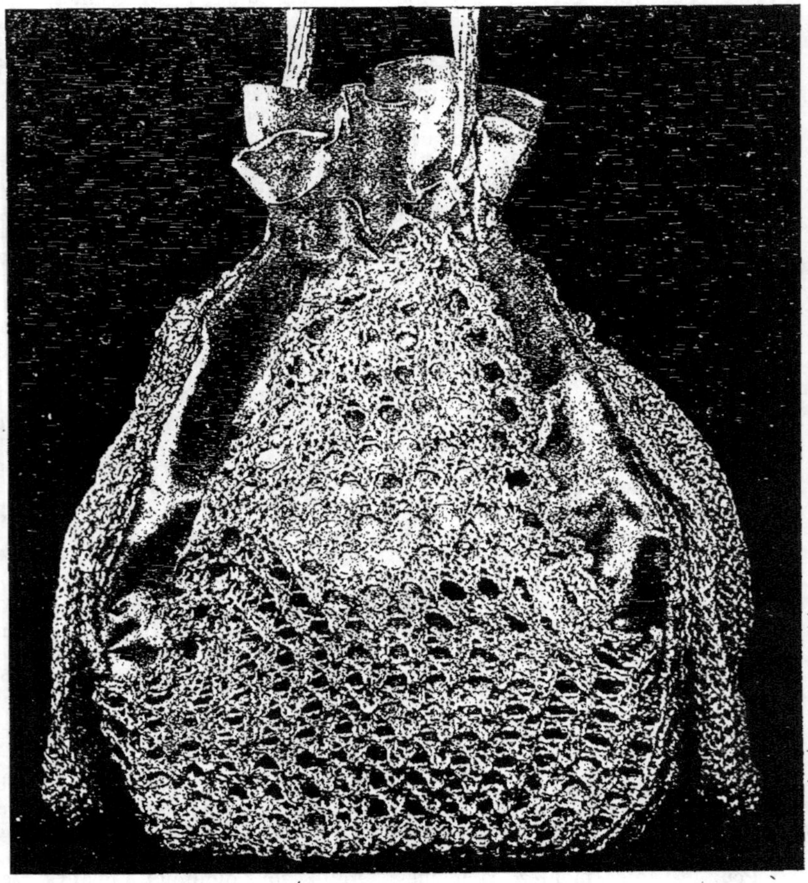

Prendre de l'eau tiède avec un bon savon de Marseille, frotter légèrement avec la mousse, ne jamais lessiver. Rincez à l'eau claire, sans laisser séjourner dans l'eau.

Éviter de replier les objets humides sur eux-mêmes.

Mlle Baillaud, donne des leçons de tricot chez elle, 3, rue Rateau, ou à domicile, elle envoie des échantillons de ses travaux contenus dans ce livre.

De 1 à 20 mailles	......	1 fr. »
De 20 à 30	—	1 fr. 50
De 30 à 40	—	2 fr. »
De 40 à 50	—	2 fr. 50

TABLE DES MATIÈRES

Explication des abréviations... 1
Conseils aux lectrices... 2
Nœud de tisserand.. 4

PREMIÈRE PARTIE

DENTELLES DE FIL AU TRICOT.

Jours œillets 5 mailles... 5
Semis feuilles de rose 9.. 5
Semis pour rideau d'enfant... 6
Semis fil simple... 7
Dentelle.. 7
— pour lingerie... 8
Petite dentelle pour layette.. 8
Petite dentelle.. 8
— dentelle pour lingerie.. 9
Dentelle pour taie d'oreiller, saut de lit................................. 9
— fil simple... 10
— pour lingerie... 10
— — 11
— 11
— du chemin de table... 11
Entre-deux du chemin de table... 12
Dessous de carafes du chemin de table................................... 13
Entre-deux, garniture de pantalon.. 13
Dentelle pour pantalon, fil simple.. 14
— pour garniture d'aute... 15
— aie d'oreiller... 16
— pour rideau de lit d'enfant..................................... 17
— imitation de Cluny pour taie d'oreiller, garniture de chemise, fichu de laine... 18

Dentelle imitation Cluny pour pantalon, garniture de rideau, berceau d'enfant	19
Dentelle pour taie d'oreiller, partie du coin	20
Entre-deux pour chemin de table, rideau, jeté de lit	22
— branche de feuilles	23
— pour rideau, jeté de lit, bas d'aube, store	24
Gerbe	25
Étoile	26
Dentelle allant à l'étoile	26

DEUXIÈME PARTIE

DESSINS RÉUNIS. — OBJETS GARNIS DE DENTELLE AU TRICOT.

Manière d'agrandir une dentelle	28
Patron	28
Pour les courbures	28
Les mailles en plus ou en moins	29
Les mailles coulées	29
Manière de faire les coins de mouchoirs et de taies d'oreillers	29
Coin pour empiècement de chemise	29
Aube dentelle vieux Cluny	29
Aube facile à faire	31
Semis fil simple	32
Béguin Poupette	33
Béguin	34
Col	34
Dentelle du col	35
Pale	36
Dentelle haute et riche, à fil riche	38
Dentelle	40
Entre-deux	41
—	41
Col Marie-Hélène	42
Point de Venise	43
Manière de blanchir les dentelles	45

TROISIÈME PARTIE

LAINAGE AU TRICOT CROCHET. — TRICOT DE LAINE.

Tricot pour couverture	46
— —	46
Grosses côtes ajourées	46
Dentelle laine tricotée	47
Semis tricotés Flocon de neige	48
Dentelle tricotée Flocon de neige	49

Frange crochet	49
— tricotée	49
Crochet Aka	49
Point de crochet	49
Crochet	50
Crochet tunisien pris par derrière	50
— épais pour couverture de voiture ou de berceau	30
Jaquette Miton tricotée avec transparent pour enfant de 1 an	50
Col de la jaquette transparent	51
Petits chaussons transparents tricotés, allant avec la brassière (fig. n° 44)	52
Jaquette crochet tunisien pour un enfant de 18 mois	53
Passe-corridor au crochet	54
— tricoté	55
Béguin Marie-Madeleine	56
Petit collet	58
Gant Tatanon	59
Genouillère pour homme	61
Pantalon, pointure femme, côté gauche	61
Écharpe Flocon de neige	62
Manteau d'enfant au crochet	62
Coiffure pour dame âgée	63
Capote laine au crochet	64
Rabat de juge au tricot	66

QUATRIÈME PARTIE.

OUVRAGES TRICOTÉS AVEC DES FILS DE COULEUR.

Petite botte lacée, tricotée	67
Cabas fait avec de la ficelle	68
Panier à bonbons, forme bateau	70
— — carrée, rose et blanc	71

CORBEIL. — IMPRIMERIE ÉD. CRÉTÉ.

www.ingramcontent.com/pod-product-compliance
Lightning Source LLC
LaVergne TN
LVHW021000090426
835512LV00009B/1982